그때도 茶山
지금도 茶山

그때도 茶山
지금도 茶山

1판 1쇄 인쇄 ∣ 2019년 10월 05일
1판 1쇄 발행 ∣ 2019년 10월 10일

지은이 ∣ 정원동
펴낸이 ∣ 이창호
인쇄 ∣ 거호 패앤피
펴낸곳 ∣ 도서출판 북그루

서울시 마포구 토정로(용강동) 253 2층
대표전화 (02)353-9156

등록 제 2018-000217호

ISBN 979-11-90345-02-6 (03190)
값 14,800원

그때도 茶山
지금도 茶山

정원동 著

다산(茶山), 함께 부르는 시대별곡(時代別曲)

다산(茶山) 정약용의 삶은 위민(爲民)과 청렴, 실사구시로 표상되는 공직윤리와 경세치용(經世致用)의 큰 줄기였다. 600여권에 이르는 방대한 저술은 다산(茶山)이 설계하고 축조했던 수원화성과 함께 자랑스런 정신문화 유산으로 후손에게 전해지고 있다.

다산사상(茶山思想)의 연구자들은 말한다. "다산(茶山)은 마치 깊은 골짜기와 같다. 어느 하나로 단정하기 어려운 높고 깊은 그의 정신에 빠져들면 헤어나기 힘들다." 조선후기의 격동기를 살면서 혹독한 유배지에서의 고난을 견뎌야 했던 다산(茶山)은 오직 인간에 대한 성찰, 나라와 사회에 대한 배려, 미래시대를 준비하는 마음으로 연구하고 실천하는 삶을 살았다. 지금 우리가 다산을 유능한 행정가·언어학자·의약학자·과학자·지리학자·실학 집대성자·서정시인·정치개혁가 등 다양한 명칭으로 불려지지만, '소박하면서도 위대했던' 다산(茶山) 정신의 바탕은 인간애였음을 알 수 있다.

오늘날 공직자의 필독서가 된 '목민심서(牧民心書)'는 200년 역사의 흔적을 뛰어넘어 "공복(公僕)이 꼭 읽어야 할 불멸의 베스트셀러"가 되었다. 총 48권 16책으로 엮어진 '목민심서'는 위정자들의 부정부패가 만연했던 조선후기에 대한 다산(茶山)의 시대고발이자 미래 공직자를 향한 포고문이었다. 또한 팍팍했던 유배지의 삶을 살면서도 당시 조선사회가 안고 있던 위선과 부조리에 대한 뼈아픈 각성과 비판정신을 놓지 않았던 다산(茶山)의 정연한 몸부림이 배어있는 실천의 칼날이었다. 1969년 사망한 '베트남의 아버지 호지민'이 죽을 때까지 머리맡에 두고 읽었던 책이 '목민심서'라고 하지 않던가.

청와대·국회·정당·행정부·공공기관·공기업 등 공직생활을 하는 동안 '목민심서'를 비롯한 다산의 저작을 읽고 또 읽었다. 조선 후기의 부정과 비리를 질타하면서 민초(民草)의 삶에 성큼 다가섰던 다산(茶山)의 저작들은 시대를 넘어선 멘토의 교훈이었고, 저자의 게으름과 안일함을 일깨워준 채찍이었다. 같은 문장과 글귀라도 읽을 때마다 늘 새로운 깨달음과 각오를 다지게 하는 '달콤한 중독'과도 같은 가르침이었다. 공직자라면 누구나 필독하는 저서들이지만, 나에게는 '익숙함과 낡음을 벗어던지게 하는 동력'이었고 '오늘의 정직함과 청렴함을 돌아보게 하는 나침판'이었다. 서문을 쓰고 있는 이 순간에도 다산의 따뜻한 손이 내 어깨에 살포시 놓여 있다는 생각이 들 정도로 말이다.

「다산과 함께부르는 시대별곡(時代別曲)」은 다산사상(茶山思想)에 대한 해독서나 연구서가 아니다. 다양한 공직경험에서도 놓치고 싶지 않았던 '다산의 지혜와 원칙'에 대한 고마움의 표현이자, 앞으로 펼쳐질 미래 활동에 대한 새로운 다짐이고 결의문인 셈이다. 18년간의 강진 유배지가 백성을 향한 다산(茶山)의 위민정신을 단 한치도 훼손할 수 없었듯이 '위민(爲民)·청렴(淸廉)·봉사(奉仕)'라는 공직자의 초심을 잃지 않겠다는 약속이기도 하다.

우선 1부에서는 경남 밀양의 시골촌놈으로 태어나 사랑하는 가정을 꾸린 지금까지의 삶을 돌아보았다. 보탤 것도, 감출 것도 없었던 가난했던 어린 시절과 숱한 우여곡절로 뒤척였던 청년시절, 그리고 재정·금융전문가로의 공직생활을 통해 만났던 다양한 인연에 감사하며 살아가는 현재까지 삶의 흔적들을 담담하게 적었다.

　2부와 3부에서는 '다산(茶山)과의 대화'를 통해 현재 우리사회가 안고 있는 여러 문제들을 살펴보고, 미래사회를 위한 대안적 모색은 무엇인지를 고민해 보았다. 200년전 초당(草堂)의 낡은 움막에서도 시대를 관통했던 다산(茶山)의 혜안(慧眼)이 조금이라도 행간에 스며들기를 소원하면서 졸저(拙著)를 정리했다. 모자란 글솜씨로 인해 모든 것을 담기에는 역부족이었으나, 과거의 혜안(慧眼)으로 현재를 진단하는 작업은 고되면서도 뜻밖에 즐거운 경험이었다. 200년 후 대한민국 사회를 진단함에 있어 다산(茶山)의 시선과 지혜는 한 치도 어긋남이 없었고 유용한 바로미터(barometer)가 되었다.

　졸저(拙著)를 준비하면서 다시금 꺼내든 '목민심서'는 책을 구성하고 내용을 펼쳐가는 훌륭한 길라잡이가 되었다. 공직자의 품

성과 윤리·도덕적인 자세를 끊임없이 강조하는 선생의 조언과 질타를 접하면서, 조선후기와 오늘의 대한민국이 나누어야 하는 '동병상련'과 함께 위민·청렴·봉사라는 다산의 가르침은 "현재진행형"임을 새삼 느낄 수 있었다.

이 책은 목민심서를 비롯한 다산의 저술을 재해석하거나 분석하는 것이 아님을 다시 한번 밝힌다. 다산(茶山)의 가르침에 대한 부족한 나 자신을 돌아보고 성찰하는 계기가 되기를 바라는 마음이 절실했다. 또한 앞으로 공직을 희망하거나 새로운 위민정치(爲民政治)를 꿈꾸는 청년들에게 작은 가로등이 되기를 바라는 마음도 작용했다. 언제나 그렇듯이 다산(茶山)이 나와 우리를 따뜻하게 이끌어 주길 바라면서 말이다.

아울러 이 책을 내는 데 도움을 주신 분을 소개하고 싶다. 먼저 책을 정리하는데 도움을 준 신윤철 선생, 박성호 박사, 왕보경 님, 이진영 님 그리고 도서출판 북그루 이창호 대표님에게 고마움을 전한다. 그리고 오랫동안 걱정과 격려로 늘 잘되기를 염려해주시는 나의 인생 스승님께 이 자리를 빌어 감사드린다.

마지막으로 나를 믿고 평생을 함께해온 사랑하는 아내 이경해 박사, 딸 유진, 경진 그리고 존경하는 어머니께 이 책을 바친다.

차례

서
문

제 2 부 다산(茶山)과 함께 떠나는 행복여행

제 3 부 새로운 패러다임을 위한 서곡(序曲)

후
기

제 1 부

다산(茶山)을 통해 나를 보다

눈 내린 다산초당

1. 효제(孝悌)의 길

남양주 마재 마을에 때 이른 눈이 내린다. 전남 강진의 오랜 유배지를 떠나 57세(1818년) 백발의 초로(初老)가 되어 돌아온 고향은 다산(茶山) 정약용에게 어떤 느낌이었을까. 다산(茶山)이 태어나고 말년의 고단함을 숨죽여야 했던 고향은 나즈막하고 단아한 선생을 닮은 듯 지금도 정갈함을 품고 있었다. 75세에 세상을 떠나 묻힌 생가(生家) 뒷동산에는 소복하게 내린 잔설(殘雪)이 백색의 이불처럼 유배지의 고단함을 덮어주듯 살포시 드리워져 있었다.

나는 전남강진 오솔길을 걸으며 떠오른 질문을 다시 되뇌었다. "당신은 얼마나 수기치인(修己治人)하셨습니까?" 어린 막내아들의 죽음을 듣고 목 놓아 울었던 유배지의 삶, 흑산도 유배지에서 일어난 둘째형(정약전)의 외로운 죽음 등 처연한 전설(傳說)처럼 떠도는 다산(茶山)의 흔적에서 수기치인(修己治人)의 내면적 비범함보다 자상하고 따뜻했던 인간적인 면모가 더 아프게 다가선 것은

다산 생가가 있는 마재마을에서 본 한강과 주변연밭

무슨 이유일까. 그렇게 나는 초겨울 마재마을에 서려있던 다산(茶山)의 웃음과 눈물을 가슴에 담고 서울로 돌아왔다.

다산(茶山)은 늘 수기치인(修己治人)을 강조했다. 인(仁)을 실천하여 자신을 수양하고 그 인(仁)으로 다른 이에게 나섬을 의미한다. 수신제가치국평천하(修身齊家治國平天下)도 이를 두고 하는 말이나, 언행일치의 실천적 삶을 살았던 다산(茶山)이었기에 수기치인은 때로는 천둥같은 불호령으로 다가선다. 먼저 스스로를 살피고 바로 서야함은 삼세(三世, 과거·현재·미래)를 관통하는 불변의 진리가 아니던가. 결국 세상은 나로부터 출발하기에 수기(修己)는 자아에 대한 단순한 갈고 닦음을 넘어 군자(君子)가 가져야 삶의 원칙이자 이상적 세계관의 함축인 셈이다.

머리로는 알지만 마음과 몸으로 행하기 어려운 것이 수기치인(修

己治人)이라고 했던가. 다산(茶山)은 「목민심서」에서 "덕망이 있더라도 위엄이 없으면 해낼 수 없고, 사명감이 있더라도 현명하지 못하면 또한 해낼 수 없다"고 지적했다. 매관매직(賣官賣職)의 탐관오리가 득세하던 세도정치(勢道政治)의 끝자락에 섰던 다산의 눈에는 '자리를 탐할 줄은 알되 자격을 갖춘 사람이 없고 남을 다스리는 욕심은 가졌으되 자신을 다스리는 목민관이 없음'이 너무도 선명하게 보였으리라 생각된다. 진정한 지도자는 남을 이끌어 다스리는 사람이 아니라, '자신을 살펴 다스림의 근본을 잃지 않는 사람'이지 않을까.

200여년의 시공(時空)을 넘어 그의 음성이 서울로 달려가는 차 안에서도 들리는 듯 했다. 때로는 형형한 눈빛의 '청년 정약용'으로, 때로는 유배지의 고난에도 자상함을 잃지 않았던 '백발 촌로'의 음성으로 귓전을 울렸다. 그리스 철학자 소크라테스가 외쳤던 "너 자신을 알라"도 수기치인(修己治人)처럼 그렇게 적극적이고 직접적이지는 않았으리라.

그렇게 달리던 차는 어느덧 한강변을 달려 가족이 기다리는 아파트촌으로 들어섰다. '나에게 다산(茶山)은 무엇이었을까' 하는 궁금증을 잠시 접어둔 채 훈훈한 기운이 감도는 집 안으로 성큼 들어섰다.

수종사에서 내려다 보면 남양주 능내리 두릉(杜陵)이 보인다

　지금 나는 노트북 모니터를 열어둔 채 고민에 빠졌다. 다산의 혜
안(慧眼)으로 세상사의 고민을 풀어보겠다는 턱없이 짧았던 생각
에 울컥 두려움이 앞섰지만, 이런 저런 공직생활의 경험으로 가졌
던 고민들을 허심(虛心)하게 풀어보자는 초심을 매만지고 다졌다.
'어디에서 출발할까'라는 고민도 잠시, 자판기에 올려진 손은 고
향집 어린 시절로 달리기 시작했다. 마치 나무가 더 높은 하늘을
향해 뻗어 오르기 전에 자신의 뿌리에 들어서는 자양분을 힘껏 흡
수하듯이 말이다. 그렇게 생각은 고향집 어린 시절로 향하고 손가
락은 그리운 추억인양 하나의 정경과 풍경을 옮기고 있었다.

忽已到鄕里 門前春水流

갑자기 고향 마을에 이르고 보니 문 앞에선 봄물이 흐르고 있네

欣然臨藥塢 依舊見漁舟

기쁜 듯 약초밭에 다다라 보니 예전처럼 고깃배 눈에 보여라

花煖林廬靜 松垂野徑幽

꽃들이 어우러져 산집은 고요하고 솔가지 늘어진 들길은 그윽하다

南遊數千里 何處得玆丘

남녘 땅 수천 리를 노닐었으나 어디에서 이런 언덕 찾아보리오

– 다산(茶山) 정약용, 18세 봄에 고향마을에 도착하여 지은 시(詩) –

무당(巫堂)과 뱀, 그리고 미꾸라지

나는 1967년 경남 밀양에서 태어났다. 아직 늦겨울의 찬바람이 채 가시지 않았던 음력 2월의 정오에 '효(孝)'와 '유학(儒學)'이 전 재산이었던 가난한 촌가(村家)의 장남으로 태어났다. 그 해는 박정희 대통령이 당선되고 포항제철과 현대자동차가 설립되는 산업화의 문턱이었다. 나는 이름만큼이나 유서깊은 밀양 초동의 봉황(鳳凰)과 장송(長松)에서 어린 시절을 보냈다. 사림파(士林派)의 영수(領袖) 김종직선생, 조선건국의 문신(文臣) 변계량선생, 임진왜란의 승병장(僧兵長) 사명대사를 배출한 충절의 고장이기도 하다.

고향 마을은 사방이 산으로 둘러싸인 분지(盆地)로 마치 세상사와는 동떨어진 무릉도원처럼 온화하고 편안한 느낌을 주는 전형적인 촌락(村落)이었다. 어린 시절 동네어른들의 귀동냥으로 들었던 옛이야기로는 "우리 동네가 옛날 가야와 신라의 접경지대로 소가야(小伽倻)의 중심"이라는 설도 있었다. 초등학교 입학하기도 전 어린나이에 '가야'가 뭔지는 몰랐지만, 막연하게나마 고향마을이 왕지(王地)였다는 자부심을 주기에는 충분했다.

어릴 적 우리집에 얽힌 재미난 일화가 있다. 집터가 왕족의 무덤이었는지, 터를 닦을 때 온갖 장신구와 귀금속이 나왔다고 한다. 지금과 다르게 당시에는 문화재에 대한 인식이 없었던 터라 무작

장송(長松)마을을 지키는 소나무 세그루

정 집 장롱 속에 두었는데, 이후에 '믿거나 말거나' 식의 사건이 일어났다. 집안에 힘든 일이 생겨서 지나가던 무당에게 자초지종을 말하고 물었더니, "집에 있는 귀금속을 오늘밤 큰 소나무에서 눈을 감고 열 걸음을 걸은 뒤 뒤로 던지고 가라"고 말했다는 것이다. 그 즉시 무당이 일러줬던 방법으로 집안에 있던 장신구와 귀금속을 모두 내다 버렸더니, 그 다음날 누가 가져갔는지 흔적도 없이 사라졌다고 한다. 지금 생각하면 누구의 농간이 아니었을까 싶지만, 그 덕분인지 집안은 평안해지고 더 이상의 우환이 없었다고 한다. 그렇게 우리 집안의 화평(和平)은 무덤에서 나온 귀한 장신구와 귀금속을 미련 없이 던져 맞바꾼 소중한 무형의 재산이었던 셈

종남산에서 내려본 마을전경

이다. 어쨌거나 지금도 나는 그 유물의 정체와 무당의 행적이 가끔 씩 궁금할 때가 있다.

어린 시절 우리집 마루에서 바라보이는 외송 뒷산은 지금도 선 명한 기억으로 남아 있다. 틈만 나면 산 능선에 시선을 맞추고는 묘하게 생긴 산세(山勢)를 따라 눈으로 그림을 그리는 게 큰 취미 이기도 했다. 뒷산이었던 종남산에 올라가면 밀양 시내가 한 눈에 들어왔다. 이곳 정상은 동쪽으로 만어산, 북쪽으로 화악산, 서쪽 으로 화왕산과 영취산, 남쪽으로는 덕대산의 산자락을 만날 수 있 는 천혜의 전망대이기도 했다.

뒤로는 밀양시내가 내려다 보이는 종남산 정상

　해발 600m가 넘는 덕대산과 종남산 사이에 있던 일명 '아홉산'
은 어린 개구쟁이들의 신나는 일터이자 놀이터였다. 여름이면 소를
몰고 올라가 산에 풀어놓기가 무섭게 친구들과 뛰어다니며 놀기
바빴고, 그렇게 놀다가 주린 배를 채우던 산열매는 최고의 간식거
리이자 별미였다. 추운 겨울에는 친구들과 어울려 지게를 메고 산
에 올라 삭정이를 줍거나 솔가리를 포대에 가득 담아 내려오기가
무섭게 소죽을 끓여 소를 봉양(?)하던 동화 같은 시절이었다.

　앞뒤 없이 소를 몰고 뛰어다니던 산길에도 천적(天敵)은 있었다.
뱀이었다. 산에 가면 늘 조심해야 했던 것이 독사였다. 맨발에 고

어릴 때 저자, 1972

무신을 신고서 그 많은 뱀의 아지트를 종횡무진 다녔으나, 한번도 뱀에 물린 적은 없었다. 어린 마음에도 "아, 뱀이 있구나"라는 본능적 느낌이 들었다. 뱀이 움직이는 미세한 소리를 들을 수 있어서 뱀에 물리는 최악의 상황은 다행히 피할 수 있었던 것이다. 나는 지금도 추어탕을 먹지 못한다. 시골에서 자란 촌놈이 먹는 것을 가린다는 핀잔을 듣지만, 보신탕 못지않게 추어탕만 보면 손사래를 치곤 한다. 어릴 때 가을이 되면 동생들과 도랑으로 미꾸라지를 잡으러 많이 다녔다. 지금은 농약 때문에 자연산 미꾸라지가 사라지고 없지만, 당시 논바닥에는 미꾸라지가 한 가득이었다. 그렇게 바구니에 담아온 미꾸라지를 장독에 넣어두었는데, 어느 날 어머니가 미꾸라지가 든 장독에 왕소금을 뿌렸다. 거품을 내뿜으며 괴로워하는 미꾸라지의 모습은 어린 나에게 충격으로 다가왔다. 내 손으로 잡은 생물이 고통으로 죽어가는 모습이 죄책감과 함께 선명한 기억으로 각인되었다. 그래서인지 나이가 든 지금도 추어탕을 먹지 못한다. 영양식이라곤 턱없이 부족했던 시절, 가족이 먹을 추어탕을 위해 왕소금을 뿌리던 어머니의 정성이 그저 야속했던 철부지 어린 시절이었다.

도깨비불과 비석에 새겨진 효(孝)

마을 앞에는 수심이 제법 깊은 개울이 있었다. 선풍기도 없었던 그 시절에는 개울가에서 발가벗고 친구들이랑 물놀이를 하는 것이 유일한 피서였다. 그런 강변 개울가에 흐린 날씨의 밤이면 도깨비불이 휘젓고 다니곤 했다. 동네어른들은 "장날 술 한잔 취해 오다가 도깨비불을 만났는데, 술김에 같이 놀다가 혼났다"는 저마다의 무용담과 함께 도깨비불의 유래를 들려주었다. 6.25전쟁 당시 북한의 인민군이 동네 앞산 너머 창녕까지 왔지만, 전세(戰勢)가 불리했는지 우리 동네까지는 들어오지 않고 북쪽으로 후퇴했다고 한다. 한 치도 물러서지 않았던 국군과 인민군의 치열한 전투에서 얼마나 많은 사람이 죽었겠는가. 그렇게 숨져간 아까운 생명들이 혼불이 되어 이승을 돌아다닌다는 슬프고 무서운 이야기였다.

나 역시 도깨비불로 혼이 난적이 있었다. 밀양 초동중학교를 다닐 무렵, 자전거를 타고 통학했다. 하루는 학교를 늦게 마쳐 십리 밤길을 자전거를 몰고 혼자 집으로 향하는데 도깨비불을 만났다.

어린 시절부터 들어온 동네어른들의 얘기가 떠올라 캄캄한 밤길을 정신없이 페달을 밟으면서 무작정 달렸다. 도깨비불을 벗어나려고 동서남북을 분간할 틈도 없이 자전거와 혼연일체가 되어 냅다 달렸던 기억이 난다. 그렇게 헤매다가 교복이 땀으로 흥건하게 젖을 때쯤에야 겨우 집에 도착할 수 있었다. 지금 돌이켜 생각해보면, 내 인생에서 가장 빠른 속도의 질주가 아니었을까 싶다. '전설의 고향'처럼 아득한 얘기가 되었지만, 강변 개울가는 전쟁의 상흔으로 떠도는 원한의 혼불이 도깨비불이 되어 이승을 떠나지 못한다는 슬프고도 무서운 납량극 무대였다. 아직도 그 도깨비불은 강변 개울가에서 같이 놀아줄 사람을 기다리며 어두운 밤하늘을 떠돌고 있으려나.

우리 집 앞에는 비석이 하나 있었다. 마치 집안의 수호신처럼 지키고 선 비각에는 '효행(孝行)으로 정3품 통정대부(通政大夫)를 하사받은 5대조 정수룡(鄭守龍)할아버지'의 효심(孝心)를 기리는 비각이었다. 지금도 밀양을 소개하는 블로그에도 등장하는 '덕산리 장송마을 효자 정수룡의 정려각'이 그것이다. '효자통정대부정수룡지려(孝子通政大夫鄭守龍之閭)'라고 부각된 비석은 집안의 큰 자랑이었고 아버지의 가르침이었다. 집 앞에 떡하니 서있는 효자각(孝子閣)으로 인해 어려서부터 할아버지의 효행을 듣고 자랐다.

효자비각 전면과 비문

비각에는 다음과 같은 글이 정성스럽게 새겨져 있다.

"초동면 장송동에 정수룡이라는 효자가 살았다. 어릴 때부터 부모님께 효성이 지극하여 마을 사람들로부터 효동이라고 칭송 받았다.

아버지가 돌아가신 뒤에는 어머니에게 효도를 다하였다. 가난한 살림살이를 하면서 어머니를 섬겨 낮에는 밭에 나가 일을 하고 언제나 집에 먼저 들어와 먼 곳에 있는 샘에 물을 길어 밥을 지어 올리고, 손발을 깨끗이 씻겨드리고, 매일 저녁 어머니와 함께 이야기를 하다 밤이 깊으면 잠자리를 보살펴 드리고 새벽이면 밤새 편히 주무셨는지 문안드리기를 단 하루도 빠지지 않았다. 그는 처에게도 효를 가르치니 그도 그의 뜻을 따라 지성으로 어머니를 봉양하였다.

어머니 병환이 위급할 때에는 변이 달고 쓴 것을 맛보고 병명을 알았으며 저녁마다 병세가 회복되기를 기도했다. 그러나 병이 회복되지 않고 금방 숨이 끊어지려하자 자신의 손가락을 깨물어 피를 흘려 입에 수혈하였는데 일주일후 돌아가셨다. 어머님이 돌아가신 뒤 빈소와 묘소를 번갈아 살피며 극진한 효성을 다하였다. 이에 후손과 마을사람들의 뜻을 물어 효자비를 세우고 비문을 지어 추모하며 후세사람들에게 귀감이 되게 하였다."

나는 늘 비각을 가까이하면서 아버지로부터 들었던 5대조 할아버지의 행적에 적잖은 영향을 받았다. 게다가 장남이었던 터라 효(孝)는 어린 마음에도 의무처럼 다가왔다. 장남의 역할을 어떻게 잘 해야 하나, 아버지와 어머니는 어떻게 모셔야 하나 이런저런 생각들을 어려서부터 자연스럽게 품고 살았다. 그렇게 '효(孝)'는 어린 시절의 관념을 지배하기 시작했는데, 아들이 가지는 고민에 부담을 느끼셨는지, 아버지는 나와 함께 비석을 보고 올 때면 "꾸미거나 억지스러운 효(孝)는 효가 아니다. 자신이 할 수 있는 최선을 다해 본분을 알고 중심을 잡아야 효(孝)도 자연스럽게 배어나온다"고 말씀하셨다. 훗날 다산(茶山)의 「정효자전(鄭孝子傳)」에 나오는 "행동과 마음이 일치하는 효행의 실천이 진정 합리적인 효"라는 글귀를 접하면서 아버지의 말씀을 이해할 수 있었다. 아버지는 5대조 할아버지의 상분우심(嘗糞憂心)의 마음가짐을 배우되 스스로의 중심을 잡아 본분을 다하는 것이 효(孝)의 출발이라고 강조하셨던 것이다. 효(孝)가 효만을 위한 것이 아니라, 자신의 행실과 좌표를 확인하는 중요한 척도라는 얘기다.

사진우측 조부, 그 앞이 어린시절의 아버지, 1943

한학자(漢學者) 아버지와 어여쁜 어머니

아버지는 항상 장남인 나와 한방에서 주무셨는데, 늘 딱딱한 목침을 베고 주무셨다. 어린 나에게는 5분도 견디기 힘든 고통스러운 목침을 아버지는 반듯하게 누워서 꼼짝도 않고 주무셨다. 어린 아들이 옆에서 조금이라도 바스락거리면 "똑바로 누워서 자라. 잠자리도 그 사람의 행실을 보여준다"고 타이르셨다. 나는 잠을 잘 때 위로 올라가는 습성이 있다. 올라가다가 머리가 벽에 닿을 무렵이면 더 이상 올라가지 않고 잠을 자는 이상한 버릇이었다. 그런 아들의 잠버릇이 고약하다고 호통을 치기보다 목침을 베고 반듯하게 주무시는 모습을 항상 보여주시면서 바로 잡아주시려고 하셨던 게 아닌가 싶다. 지금도 푹신한 잠자리에서 머리와 목을 감고 도는 아늑한 베개를 베고 있노라면, 목침을 베고 누운 아버지의 반듯함과 바른 생각이 그리울 때가 있다. 그렇게 밤마다 베고 누웠던 목침도 아버지와 나의 작은 대화를 위한 소재가 되어주곤 했다.

아버지는 "장남이 중심을 잡아야 한다"고 늘 말씀하셨다. 옛날에는 장남이 아버지와 겸상을 하고 밥을 먹었다. 나 역시 아버지와 단 둘이 한 상에 마주 앉아 아버지의 밥그릇은 식사 중에도 원래의 자리에서 미동도 하지 않았다. 아버지의 밥그릇이 그렇게 무거울 수 없었다. 아버지의 식사에서는 밥그릇조차 중심을 잡고 무게를 유지했던 것이다.

돌이켜보면 아버지는 그렇게 엄격했던 분은 아니었다. 아들이 자신의 본분을 알고 원칙에 맞게 행동하기를 기대하셨고, 그 본분과 원칙을 넘어서지 않는 선에서는 항상 너그러우셨다. 만약 아버지가 엄격하기만 했다면 나의 어린시절은 엄중한 유학의 틀에서 자유롭지 못했을 것이고, 반대로 한없이 너그럽기만 하셨다면 천방지축의 제멋대로가 되었을 것이라고 생각한다. 아버지는 경계를 아셨고, 그 경계의 중심마저 지키면서 장남으로 키우셨던 것이다.

어느 날, 나는 텃밭 한가운데 커다란 구덩이를 팠다. 전쟁이 나면 가족들을 지켜야 한다는 치기어린 마음에 방공호가 필요하다고 생각하고 팠던 것이다. 무슨 힘으로 팠는지는 몰라도 제법 큰 웅덩이가 만들어졌다. 문제는 고구마와 채소를 심던 텃밭을 망쳐놓은 것이었다. 다음날 텃밭의 웅덩이를 발견한 아버지는 크게 놀라 다그치셨다. "전쟁이 나면 우리 가족들을 안전하게 지키기 위해 피난처를 만들었다"는 아들의 말에 아버지는 한바탕 껄껄 웃으셨다. 혼찌검에 움츠러들었던 내 어깨 위로 아버지의 웃음소리가 쏟아졌다. 그리고 말씀하셨다. "구덩이는 그대로 놔두라." 열 살 아들이 초병(哨兵)역할을 하겠다고 판 구덩이가 아버지에게는 적잖은 기쁨과 장남의 대견스러움을 느끼신 모양이었다. 이후에 그 구덩이는 우리가족들의 피난처가 아니라, 동네 아이들과 뒹굴며 노는 놀이터가 되었다. 어차피 전쟁이 나기 전에는 다용도로 사용하는 게 좋겠다는 생각에서 말이다.

1936년생인 어머니는 19세 때 시집 오셨다. 결혼 첫날, 아버지는 처음보는 신부에게 "와 이리 못생겼노"라고 대뜸 한마디 하셨다. 그렇게 무뚝뚝하게 던진 한마디를 어머니는 아직도 어제처럼 기억하신다. 1932년생이신 아버지는 경상도 밀양사나이의 투박스러움이 그대로 배여 있는 분이었다. 게다가 누워서도 갓끈을 고쳐맨다는 유학(儒學)과 한학(漢學)으로 뭉쳐진 분이었으니 오죽 했겠는가. 새색시와의 어색하고 부담스러운 첫 자리에서 "니 참 예쁘다"는 말을 그렇게 에둘러서 말씀하셨던 것이다. 그렇게 첫날밤부터 '못생긴(?) 새색시'가 되어버린 어머니는 '밥그릇에서마저 중심을 강조하는 아버지'를 평생의 배필이자 사랑으로 함께 사셨다.

어머니는 집안 장녀로 태어나 당시의 새색시처럼 한학자(漢學者) 아버지의 얼굴도 모른 채 시집오셨다. 시집올 때 혼수품으로 장롱 하나를 가지고 오셨다고 한다. 어머니는 밀양 수산초등학교 1회 졸업생인데, 입학은 일제 강점기때 하시고 졸업은 해방 후에 하셨다. "장녀는 살림밑천"이라는 말에 담긴 어머니의 고단스러움은 시집을 오고나서도 멈출 줄을 몰랐다. "와 이리 못생겼노"에서 출발한 시집살이는 가난한 한학자의 집안임을 과시하는 '남는 것은 눈 씻고 봐도 없고, 없는 것만 있는' 궁색함 그 자체였다고 한다. 남산골 스님들과 학문적 교분에 밤새는 줄 모르는 아버지 덕에 어머니는 새벽녘에 돌아오는 아버지의 발자국 소리를 듣는 날이 많았다고 한다.

아버지는 돌아가실 때까지 글읽기를 멈추지 않으셨던 한학자(漢學者)였다. 그렇다고 낮밤을 달려 책에 파묻혀 사신 것은 아니었다. 여느 농부처럼 새벽이면 들판에 나가 저녁까지 쉬지않고 일을 하셨다. 그러다가 걸어가실 때는 명심보감을 줄줄 외우시고 항상 한학 책을 머리맡에서 놓지 않으셨다. 그 덕에 나는 초등학교에 들어가기 전에 삼강오륜, 주자십회, 명심보감, 천자문을 줄줄 외우고 다녔다. "칭찬은 코끼리도 춤추게 한다"고 했던가. 어린 아들이 읊조리는 성현의 말씀이 기특했던지 아버지는 머리를 쓰다듬어 주시며 칭찬을 아끼지 않으셨고, 그 칭찬이 듣고 싶어 외우고 또 외웠던 내용은 지금도 막힘없이 줄줄 외울 수 있다.

아버지는 밤이면 종남산 은선암 스님들과 공부를 하셨다. 한학(漢學)의 교분을 나누기에는 스님들이 제격이었던지 새벽까지 한담(閑談)과 필담(筆談)을 놓지 않으셨다. 스님들과의 깊은 교분을 가졌던 아버지의 영향 때문인지 몰라도 큰 아들인 나는 불교 종립대학에 들어가고 동생은 출가해 부처님의 제자가 되었다. 아버지가 직접 필사하신 책들은 지금도 소중한 가보로 보관하고 있다. 한학자 아버지가 직접 써내려 필사하신 책들의 갈피와 행간에 아버지의 열정과 숨결이 느껴지곤 한다.

꽃을 든 누나, 그리고 아버지의 눈물

누나는 나보다 열한 살 위였다. 어려운 가정형편에 마음껏 진학하지 못했지만, 나에게는 부모나 다름없었다. 누나는 예나 지금이나 꽃을 무던히도 좋아했다. 어릴 적 누나는 시골집 담벼락 둘레에 큰 화단을 만들어놓고 동네 인근 산과 들에 피어있던 꽃들을 옮겨와 심었다. 그 덕분에 낡고 허름했던 시골집은 마치 꽃대궐 마냥 울긋불긋한 꽃내음으로 가득했다. 나는 누나가 심어놓은 꽃 중에서 해바라기를 특히 좋아했다. 심어놓고 돌아서면 싹이 트고, 며칠 후 작은 키를 훌쩍 넘어 자라나는 해바라기는 그 꽃말처럼 이제는 그리움이 되어 꽃밭을 가꾸던 누나의 소담한 뒷모습과 함께 추억으로 남아 있다.

누나는 꽃과 무슨 인연이 그리도 많은지, 지금도 창원에서 꽃 농사를 크게 하고 있다. 농촌이 도시화되면서 땅값이 올라 일을 하지

어머니, 누나와 함께 찍은 낡은 사진, 1968

않아도 편안하게 여생을 보낼 수 있지만, 지금도 꽃 농사로 분주한 손길을 쉬지 않는다. 꽃을 가꾸고 키워내는 묵묵함 속에 배여있는 누나의 행복한 웃음이 새삼 보고싶고 그립다.

누나는 내가 초등학교 졸업하던 해인 1979년에 시집을 갔다. 그날은 졸업식이었는데, 누나의 결혼식 때문에 아무도 오지 못한다는 얘기를 아침에 들었다. 결혼식 준비로 분주한 아침부터 부모님의 야단 속에도 나는 울기 시작했다. 결국 외할아버지와 외할머니가 부모님 대신 졸업식에 참석해 축하해 주시겠다는 대안(?)을 끌어낼 수 있었다. 졸업생이라고 해봐야 60여명 뿐이었지만, 나는 개근상, 우수상, 밀양경찰서장상을 받으면서 외할아버지와 외할머니에게 외손주의 위엄을 한껏 보여드릴 수 있었다. 3개 부문 수상에 빛나던 봉황초등학교는 지금은 폐교가 되었다.

졸업식을 마치고 집으로 돌아오니 한창 결혼식이 진행되고 있었다. 다음날 나는 시댁으로 떠나가는 누나를 배웅하기 위해 중학교 교복으로 갈아입었다. 항상 어린 남동생 뒷바라지에 고생했던 누나를 떠나보내는 나의 예복이었던 셈이다. 그렇게 아버지와 함께 대절택시를 타고 강 건너 창원 가술까지 갔다. 아버지는 달리는 차 안에서 말없이 눈물만 흘리셨다. 어려운 처지에 제대로 공부도 못시키고 고생만 하다가 시집가는 딸을 보며 얼마나 가슴이 아프셨을까. 행여나 큰아들이 볼세라 창밖을 보며 눈물을 흘리시던 아버지의 모습을 지금도 잊을 수가 없다. 그렇게 누나는 아버지의 눈물과 어린 남동생의 교복을 바라보면서 시집을 갔다.

누나의 신발과 여교사의 미투(?)

대부분의 사내아이들과 마찬가지로 나도 어릴 때 축구를 좋아했다. 수업을 마치면 축구골대도 없는 학교 운동장에서 고무신을 신거나 맨발로 공놀이를 했다. 요즘처럼 번듯한 축구공도 없는 시절이었지만, 발로 치고 달릴 수 있으면 무엇이든 차고 놀았다.

4학년 어느 날, 누나가 벗어둔 신발을 살짝 신어보니 내 발사이즈에 딱 맞았다. 시쳇 말로 '디자인도 예쁘고 양말을 안 신어도 발이 편하게 느껴졌던' 신발을 보자, 그길로 신고서는 학교 운동장으로 냅다 달려 나갔다. 친구들의 부러운 시선을 받으며 공놀이를 하고 해질녘에 집으로 돌아왔다. 누나는 흙이 잔뜩 묻어 더러워진 신발을 물끄러미 보더니 아무 말도 없이 방으로 들어가 버렸다. 당시 내가 열 한 살이었고 누나는 스물 두 살이었다. 어린 남동생의 어이없는 행동에 속상했을 법도 했을 텐데 누나는 야단을 치지 않았다. 나에게는 엄마 같은 존재였던 누나는 그렇게 속이 깊었다.

그렇게 억지로 내 것이 되어버린 신발을 신고, 하루가 멀다하고 해질녘까지 공놀이를 하며 뛰어다녔다. 어느 날 한참 놀다가 소변이 마려웠다. 전기가 없을 때라 해가 진 학교 화장실은 낮과는 다른 음산함 그 자체였고 무서운 분위기를 물씬 풍기고 있었다. 어둠에 잠긴 화장실을 가기가 무서워 학교 운동장 구석 화단이나 배수로에서 볼일을 보기로 작정했다. 시골에서는 논두렁 밭두렁이 마음만 먹으면 화장실이지 않았던가. 한참 볼일을 보는데, 그날따라 늦게 퇴근하시던 여자 담임선생님에게 들키고 말았다. 당시 20대 초반이었던 선생님은 "너 이놈의 자식, 어디서…. 내일보자"고 하시고는 가버렸다. "아뿔싸 큰일이다" 싶었지만, 엎지른 물을 다시 담기도 힘든 마당에 하물며 볼일을 본 오줌이야 어찌할까.

다음날 후회와 걱정 속에 학교에 갔다. 아니나 다를까 조회시간에 담임선생님은 나를 불러 세우더니 "의자 위로 올라가 바지를 내리라"고 하지 않는가. 여학생들이 재미있다는 표정으로 눈초리를 번뜩이는데, 여자선생님이 남학생에게 바지를 내리라는 전대미문의 가혹한 체벌을 한 것이다. 나는 바지를 내리지 않고 버텼다. 한참을 그렇게 버티자, 선생님은 회초리로 나를 때리고는 상황을 마무리하셨다.

나는 억울한 마음에 엉엉 울면서 집으로 갔다. 집에 있던 누나는 울고 있는 나에게 자초지종을 듣고는 "그래도 담임선생님이 너무 하셨다"며 학교로 찾아가 항의를 했던 모양이다. 어찌된 영문인지 담임선생님이 누나와 함께 우리집으로 오셨다. 마침 그때 나는 소를 먹일 쇠죽을 끓이고 있었는데, 선생님은 불을 지피던 내 옆으로 다가오시더니 "음, 소죽 냄새가 참 구수하고 좋네"라고 방긋 웃으셨다. 그 말이 내게 보내는 사과와 화해의 표현이라고 느꼈지만, 아직 가시지 않은 서운함에 "그렇게 구수하면 다 드이소"라고 쏘아붙여 버렸다. 그러자 담임선생님은 "너 이놈, 내가 소냐?"라고 뱉으시고는 휙 되돌아 가버렸다. 다음해 전근을 가실 때까지 나는 담임 선생님에게 단단히 미운털이 박혀서 한동안 고생을 해야 했다. 벌써 칠순을 바라보실 선생님을 생각하면, '바지 내리기'를 강요했다는 서운함보다 일순간에 선생님을 '소'로 만들어버린 미안함이 앞선다. 보고 싶고 그립다.

스님 남동생과 간호사 여동생

초등학교 1학년 때였다. 어느 날 학교 수업 중에 창밖을 보니 우리집 굴뚝에서 때아닌 연기가 피어올랐다. 궁금한 생각에 쉬는 시간에 득달같이 집으로 달려가니 동생이 태어났다는 것이다. 내가 문밖에 서서 어머니에게 대뜸 "딸이가, 아들이가?"라고 물었다. 어머니가 "딸"이라고 하자, "빨래해줄 동생이 태어나서 좋다"고 불쑥 말하고는 다시 학교로 돌아갔다고 한다. 설마 내가 그렇게 말했을까 싶지만, 어머니의 기억이 더 정확하지 않을까 싶다.

나는 그렇게 태어난 여동생을 업고 다니길 좋아했다. 그러다 논두렁에서 굴러 떨어지고 냇가에도 빠질 뻔한 적도 있었다. 심지어 사촌형이 태워주는 자전거 뒷자리를 얻어 타다가 동생의 발이 바퀴에 끼어 피가 날 정도로 찰과상을 입은 적도 있었다. 피가 나는 동생의 발을 보면서 너무 속상하고 미안했다. 나중에 간호사가 된 여동생을 위해 내가 할 수 있는 치료라고는 우는 거 말고는 할 수 있는 게 없었다. 너무나 속상해서 내내 눈물을 흘린 기억이 난다.

어린 여동생은 가끔씩 학교에 가지 않겠다고 투정을 부리곤 했다. 그럴 때면 나는 기어이 달래서 학교에 보냈는데, 동네 어른들은 그런 내 모습을 보고 대견하다고 칭찬을 해주셨다. 여섯 살 아래인 여동생은 얼굴도 곱지만 마음도 비단같이 예뻤다. 그렇게 가기 싫어하던 학교를 착실하게 다녀 대학을 졸업하고 간호사가 되었다. 지금은 사회복지법인에서 열심히 일하고 행복하게 살고 있다.

열 살 아래 남동생은 어릴 때부터 속이 깊고 영특했다. 무엇보다 정이 남달라 눈물도 많은 아이였다. 영화 '엄마 없는 하늘 아래'

를 보고 얼마나 울었는지 눈이 퉁퉁 부어 있기도 했고, 더운 여름 날 밭에서 일하시는 어머니를 보고 울면서 "크면 꼭 어머니를 편히 모시겠다"고 다짐하던 나이가 일곱 살 때였다. 영특하고 눈물도 많았던 남동생은 대학 졸업과 함께 출가했다. 늘 남을 먼저 생각하는 이타행(利他行)의 삶에 목말라 하던 동생은 모든 속세와의 인연을 끊고 구도자의 길로 들어섰다. 서울시립대 4학년 기말고사 마지막 시험을 보고난 저녁에 홀연히 속세를 떠났다.

돌아보면, 남동생에게는 이런저런 아픔도 있었다. 초등학교와 중학교 시절 한번도 1등을 놓치지 않았던 동생은 지역의 영재들이 간다는 '과학고' 진학을 준비하였다. 그러나 시골에서 독학으로 준비했던 동생에게는 자신의 실력으로만 풀 수 없는 한계가 있었고, 결국 실패하고 말았다. 어린 나이에 실패의 고배를 마신 동생은 마산중앙고에 진학하였다. 고교 진학 후에도 공부에 대한 고민과 학교생활 부적응으로 많은 방황을 하기도 하였다. 그런 고민과 방황은 동생을 불교공부로 이끌어 심취하게 했고, 나중에 부처님의 가르침 속에서 용맹정진하는 불가의 제자가 되었던 것이다.

남동생이 대한불교 조계종 합천 해인사(海印寺)로 출가한지 법랍 11년이 되었다. 해마다 동안거, 하안거로 이어지는 용맹정진의 참선수행을 하는 동생 스님을 생각하면, '속가의 혈연'이라는 인연을 넘어 더이상 이를 데 없는 깨달음을 얻어 꼭 성불하시길 기원한다.

우리 형제들은 서로가 다른 듯 닮았다. 나이 터울이 많았음에도 형제간의 우애와 교류에는 불편함이 없었고, 기쁨과 슬픔을 가리지 않는 살가운 나눔에도 인색하지 않았다. 세월의 무게로 차곡차곡 쌓여진 그리운 추억이 생각날 때면, 부모님 품에서 함께 자란 형제에 대한 고마움과 미안함은 비단 나만의 몫은 아닐 듯싶다.

아버지와의 먼 이별 앞에 드린 약속

아버지는 "큰애가 잘 되어야 집안이 풀린다"고 입버릇처럼 말씀하셨다. 가난한 살림으로 인한 부모님의 고생을 누구보다 누나가 잘 알 터이지만, 나도 그 수고로움을 보면서 자랐다. 그러다보니 장남으로서 동생들에게 모범을 보여야 한다는 생각이 그때나 지금이나 변함이 없다. 어린 시절 어리광을 부리는 동생들을 보면 달래기도 하고 어른스레 구슬리기도 했다. 동생들은 항상 나를 믿고 잘 따라주었다. "큰애가 잘되어야 한다"는 아버지의 말씀은 물질적인 성공이 아니라 장남이 우애와 화목의 중심에 서야 한다는 말씀이었다. 개구쟁이 같은 장난으로 누나를 속 썩이고 어리광도 부렸지만, 장남이라는 한마디에 몸가짐을 제대로 하려고 노력했다. 지금도 형제들은 순수하고 맑다. 남동생이자 오빠, 형으로 불리는 나에게 변치않는 믿음을 보내주는 누나와 동생들에게 늘 고마운 마음뿐이다.

아버지는 돌아가시기 전에 우리 4남매가 다 모인 자리에서 평생 일구신 논밭 수천평을 장남인 내게 주시겠다고 말씀하셨다. 홀로 남으실 어머니를 잘 모시고 동생들을 잘 돌봐주라는 당부도 잊지 않으셨다. 건강악화로 임종을 앞두고 있을 때, 나는 아버지의 마음을 조금이라고 편하게 해드리기 위해 아버지 귓전에 약속을 읽어드렸다. 2016년 3월이었다.

"아버님께서는 한없이 순수하게 사셨고, 자식위해 헌신하며 갖은 노력으로 최선을 다하셨습니다. 어려운 환경에서도 꾸준히 공부하셨고, 조상 모시는 일도 열심히 하셨습니다. 이제 살아오신 날들을 되돌아보고 혹여 미움이나 원망이 있으시면 다 내려놓으시고 좋았던 일, 즐거웠던 일들을 많이 기억하시고 행복하게 마무리 잘 하셨으면 합니다. 아버님은 우리집안과 가족에게 참 소중한 분이셨습니다. 어머님과 62년을 한결같이 살아오셨습니다. 4남매 잘 키워주셨고, 자상하게 때로는 엄하게 큰 가르침으로 키워주셨습니다. 아버님, 사랑합니다. 고맙습니다. 오래오래 잊지 않고 기억하겠습니다. 저희들 아버님 아들딸로 행복했습니다. 남은 식구들 형제들 모두 화목하게 잘 살겠습니다. 어머님 잘 모시겠습니다. 애들 잘 키우겠습니다. 더 노력하고 꿈을 키우며 성실하게 살겠습니다. 함께 복 빌어주십시오. 이제 밝은 빛 따라 좋은 길로 살펴 가십시오."

그렇게 아버지는 꼿꼿한 선비정신으로 한평생을 사신 세상과 이별하셨다. 나는 장례를 치르고 난 후 어머니와 형제들이 둘러앉은 자리에서 상속받은 모든 땅을 어머니 앞으로 하자고 제안했다. 하지만 어머니는 한사코 원치 않으셨고, 누나는 이미 가진 재산도 많다면서 사양하였다. 출가한 남동생도 필요 없다고 하였고, 여동생도 별 욕심이 없었다. 시골 논밭은 부모님이 가난한 살림에도 한푼두푼 모아 사신 땅이었다. 비록 나에게 상속된 땅이었지만, 부모님의 피와 땀, 눈물이 밴 땅을 파는 것은 불효라고 생각했다. 고민 끝에 여동생의 직장 근처에 아파트를 구입해서 어머니께서 편안한 여생을 보내실 수 있도록 마련해드렸다. 우리 집에서 한 시간이면 갈 수 있는 거리였고, 경치도 좋고 물도 좋은 '양평'이라 바로 계약했던 것이다.

아버지는 생전에 "땅보다 형제간 우애가 중요하다"고 늘 말씀하셨다. 아버지가 떠난 빈자리에 서서, 장남의 중심은 "효(孝)와 우애(友愛)'로 흔들리지 않아야 한다"는 아버지의 말씀을 지금도 소중하게 간직하고 있다. 그렇지만, 주자십회훈'(朱子十悔訓)중에 '불효부모사후회'(不孝父母死後悔)처럼 살아생전에 더 편히 모시지 못한 아쉬움은 늘 후회로 남는다. 다산(茶山)이 전 생애에 걸쳐 빈틈없이 실천했던 효제(孝悌: 부모에 대한 효도와 형제간의 우애)를 생각하면서 돌아가신 아버지를 떠올리고, 어머니와 형제들의 얼굴을 그려본다.

"유교(儒敎)가 목표로 삼았던 치국평천하(治國平天下)나 수신제가(修身齊家)를 위한 핵심적 실천논리는 바로 '효제'였습니다. 아버지는 자녀를 예뻐해주고, 자녀는 부모에게 효도하며, 형은 아우와 우애롭게 지내고, 아우는 형을 공손하게 대해주는 일입니다. 이런 '효제'가 빛을 잃고 망가지면서 세상은 이렇게 혼돈에 빠졌습니다. 이렇듯 '효제'는 모든 일의 근본입니다."

　－ 다산(茶山), 「유배지에서 보낸 편지」 －

초당 오르는 뿌리의 길

2. 입지(立志)의 길

다산(茶山) 선생은 한양에서의 새로운 삶을 시작하던 다음 해 입춘(立春)일에 '입춘일에 용동의 집 벽에 쓰다'라는 제목으로 시를 썼다. 나이 16세였다. 학자들은 이를 두고 다산(茶山)이 자신의 삶과 학문에서 처음으로 뜻을 세웠다고 평가하고 있다.

人生處兩間　(사람으로 태어나 하늘과 땅 사이에서 살며)

踐形乃其職　(사람다움의 실현은 바로 사람의 본분이라네)

下愚泯天良　(가장 어리석은 사람은 하늘이 준 선량함을 없애고)

畢世營衣食　(평생 동안 입고 먹는 것만 경영한다네)

孝弟是仁本　(효도와 우애는 인의 근본이니)

學問須餘力　(실천하고 남는 힘이 있을 때 학문을 해야 하네)

若復不刻勵　(만일 열심히 노력하지 않으면)

荏苒喪其德　(이럭저럭 하는 동안에 덕성을 잃게 된다네)

다산이 젊은 시절 자주 찾았던 운길산 수종사, 오백 년 은행나무, 해탈문 오르는 길

다산(茶山)은 이때부터 '사람다움을 실현하는 것,' 곧 '천형(踐形)'이란 사람의 직분에 최선을 다하는 삶을 살기로 결심했던 것이다. 요즘으로 치면 16세 중학교 3학년 나이에 '사람다움'과 '그 실현'을 인생의 목표로 설정한 셈이다.

나는 다산(茶山)의 입지시(立志詩)를 볼 때마다 "나는 16살의 나이에 무엇으로 인생의 목표를 세웠고, 사람의 본분을 어떻게 생각했을까?"라고 자문(自問)하곤 한다. 한학자(漢學者)였던 아버지의 영향으로 일찍부터 명심보감(明心寶鑑)을 비롯해 한학(漢學)을 외우고 다녔지만, 상급학교 진학에 몸살을 앓는 여느 아이들과 다를 바 없었다. 대학을 졸업하고 사회생활에 익숙해졌을 즈음에야 불현 듯 떠오르는 다산(茶山)의 입지시가 이제야 가슴에 와닿는 것은 그동안 먹고사는 '畢世營衣食(필세영의식)'의 익숙함에 너무 머물렀던 것에 대한 반성때문이 아닐까.

입지시(立志詩)를 쓰고 '사람다움의 실현'을 인생의 목표로 세운 16세의 다산(茶山)과 달리 나는 좌충우돌의 청소년과 청년기를 보내야 했다.

사주쟁이 말 듣고 키운 촌놈의 꿈

초등학교 5학년 때였다. 어머니는 옆 동네에 용한 사주쟁이가 있다는 말을 듣고 나를 데리고 가셨다. 장남의 인생운세가 무척이나 궁금하셨던 모양이었다. 어머니 손에 이끌려 만난 사주쟁이는 그저 평범한 늙은 할아버지였다. 용하다는 소문이 자자했던 터라 귀를 쫑긋 세우고 신기한 듯 할아버지를 쳐다보았다. 어머니와 이런 저런 얘기를 주고 받던 사주쟁이 할아버지는 "애 사주가 참 좋다. 부모가 잘 키워야 한다"고 말씀하셨다. 구체적으로 사주(四柱)가 뭔지는 몰랐지만, "참 좋다"는 말에 괜시리 기분이 좋았다. 할아버지가 덧붙인 말이 귓전에 와 닿는 순간, 내 인생의 목표가 정해져버렸다. "잘 키우면, 들면 장수요 나면 사신이다. 앞으로 서울로 대학도 가고, 커서는 임금도 옆에서 모시게 되고, 외교관도 할 사주"라는 말이 가슴에 꽂혀 버렸다.

　사주쟁이 할아버지의 말을 천명(天命)으로 받아들인 나는 인생의 진로를 그렇게 만들기 위해 무던히도 노력했다. 훗날 서울로 대학 진학을 했지만, 장군(將軍)이 되겠다고 사관학교를 지원하기도 했고 외교관이 되겠다고 고시공부도 했으니 말이다. 비록 사주쟁이 할아버지의 말이었지만, 어린 나에게는 "꼭 이뤄야 할 꿈"으로 다가왔다. 비록 장군이 되거나 외교관이 되지는 못했지만, 그 꿈을 이루기 위해 노력한 덕분에 나는 많은 경험과 공부를 쌓을 수 있었다.

　지금은 창원이 된 마산은 예전에는 경남 일대에서 가장 크고 유서 깊은 도시였다. 10살 때 아버지 손에 이끌려 버스를 타고 갔던 마산은 놀라움 그 자체였다. 태어나서 처음 보는 마산 앞바다에 입을 다물 줄 몰랐고, 어시장에 북적이는 사람들의 행렬에 기가 눌렸다. 어디 그뿐인가. 고향에서는 상상도 못할 큰 빌딩과 넓은 도로는 어린 나에게는 외계문명이나 다름없었다. 익숙한 듯 무심하게 말없이 걷는 아버지의 손에 이끌려 다니던 '마산'은 어린 나에게 새로운 동기부여를 던져 주었다. "세상은 넓고 할 일은 많다"가 아니라 "열심히 공부해서 넓은 세상으로 일단 나오자"였다. 그렇게 놀라움을 안겨준 마산을 보고난 이듬해에 들은 사주쟁이 할아버지의 말은 어린 나에게 용기가 되어 천둥처럼 뇌리에 박혔던 것이다.

플라스틱 상자에 앉아 이룬 진학(進學)

전기도 없는 산골에서 초등학교를 다니던 나에게 도시로의 진학
은 꿈같은 일이었다. 어릴적부터 영민했던 누나도 가정형편이 어
려워 진학을 포기했던 터라, 나 역시 밀양 산골 중학교 공부를 마
치면 아버지를 따라 농사를 짓는 게 정상적인 경로(徑路)였다. 그
러나 아버지는 "원동아, 열심히 공부해라. 힘들더라도 고등학교는
마산으로 보내주겠다"고 약속하셨다. 누나에게는 너무나 미안한
일이었지만, 나에게는 천군만마(千軍萬馬)와도 같은 격려였다. 그
것도 밀양을 떠나 마산이라는 대도시로 진학을 약속하셨던 것이
다. 내 인생에서 처음으로 목표가 생겼고, 그 목표는 나를 도전으
로 이끌었다.

나는 누나와 함께 낡은 리어카를 끌고 수산읍내로 달려갔다. 집
으로 돌아오는 낡은 리어카에는 책상 하나가 덜컹거리며 놓여 있
었다. 누나와 함께 리어카를 끌고 오면서 그렇게 신이 나고 기쁠
수가 없었다. 십리가 넘는 흙길을 오가면서도 힘든 줄 몰랐고, 리
어카를 냅다 짊어지고 집으로 달려갈 판이었다. 책상을 방안에 놓

자마자 걸레로 구석구석 닦으면서 실없는 사람처럼 막 웃었던 기억이 새롭다. 책상은 어떻게든 구했지만, 의자는 돈이 없어서 구하지 못했다. 책상 위에 앉아서 공부할 수는 없는 노릇이었기에 아버지가 동네를 뒤져 플라스틱 상자를 구해오셨다. 아버지가 구해오신 플라스틱 상자를 엎어놓고 보니 나름 그럴듯한 의자가 되었다. 나는 임시방편의 플라스틱 의자에 앉아 호롱불을 켜고 밤늦도록 공부했다. 그 덕분이었는지 학업성적은 몰라보게 올라갔고, 신동소리는 아니더라도 '동네에서 제법 공부 잘하는 아이'로 소문이 났다. 플라스틱 상자와 짝을 이룬 책상에서의 면학은 중학교까지 이어졌고, 400여명의 학생 중에서 다섯 손가락 안에 들어가는 우수한 성적으로 중학교를 졸업할 수 있었다. 그리고 나는 고등학교 진학을 위한 마산연합고사에 응시했고, 결국 합격할 수 있었다.

1979년 무렵 경남 도내 중학교 상위 3%이내 성적이면 일반고 시험을 치르기 전에 특차로 마산연합고사 시험을 볼 수 있었다. 지금의 특목고 시험절차와 비슷했는데, 경남 일대 중학교에서 학교당 몇 명씩 시험을 치렀고 그 시험을 당당하게 합격했던 것이다. 남녀합격생들은 남자고등학교 4군데, 여자고등학교 3군데에 추첨으로 배정되었다. 나는 창원고등학교로 배정되었다.

내가 입학하던 해에 첫 졸업생을 배출했던 창원고는 신설학교였지만, 이미 명문으로 꼽힐 만큼 도내에 알려진 고등학교였다. 선생님과 학생들 모두가 똘똘 뭉쳐 의욕이 넘쳤고, 학업분위기가 매우 좋아 우리 동기들 대부분이 대학 진학에 성공했을 정도였다. 내가 졸업하던 해에 420여명이 졸업했는데, 절반 이상이 서울로 진학했다. 연륜이 길지 않는 신설 학교였으나, 전통적인 관습과 관행에 물들지 않으면서도 패기와 믿음으로 실용적인 명문사학의 자부심을 만들 수 있었다.

어긋난 생년월일로 생긴 악재(惡材)

당시 고등학교에 같이 입학했던 친구들은 경남 일대에서 나름대로 한가닥했던 수재들이었고, 대부분 나처럼 시골에서 올라온 촌놈들이었다. 나는 1학년때는 40km을 오가며 통학을 하다가 2학년 무렵에는 자취를 했고, 3학년에 되어서야 공부시간을 아끼기 위해 하숙(下宿)을 했다. 시골에서 올라온 학생에게 '하숙'은 부잣집 자식들이나 할 수 있는 사치였다. 어려운 집안형편에 자취도 힘든 판에 하숙까지 했으니 부모님의 헌신이 아니었으면 꿈도 꾸지 못할 일이었다. 하숙이 나에게는 얼마나 큰 사치였는지 잘 알았기에 부모님에게는 늘 마음이 무겁고 부담스러웠다. 어쩌면 그 무거운 부담이 나름의 인생목표를 향해 나를 더 정진하게 만들었는지 모르겠다.

　나는 그렇게 고등학교를 다니면서 사주쟁이 할아버지의 말처럼 장군이 되겠다는 꿈을 품고 사관학교 진학을 준비했다. 당시 고등학교에서는 학생들의 기초 체력 향상을 위해 종합적인 체력검사를 실시했는데, 대학 입학시험에도 반영되기에 무시할 수 없었다. 당시 학력고사 만점이 340점이었는데, 체력장이 20점을 차지해 무시할 없는 큰 점수였다. 결국 이 체력장 점수가 '잘못된 생년월일'때문에 사관학교의 꿈도 접고 명문대학 진학도 어렵게 만들었다.

　내가 어릴 때는 영아사망률이 높던 시절이었다. 그러다보니 집집마다 출생신고를 늦게 하는 일이 흔했는데, 나 역시 출생신고를 1년 늦게 하는 바람에 호적상 6살에 초등학교를 들어갔다. 고등학교까지는 별 어려움이 없었으나, 막상 사관학교에 지원하려고 보니 응시기준 나이에 며칠이 모자라 시험응시가 불가능한 걸 알았다. 부랴부랴 밀양 법원에 가서 정정했지만, 한번 꼬인 일은 또다른 불씨를 만들었다.

　나는 4월에 치렀던 체력장 시험에서 만점을 받았는데, 6월에 있었던 생년월일 정정으로 주민등록번호가 새로 나오면서 "주민등록 번호가 다르다"는 이유로 20점 만점의 체력장 점수가 인정되지 않았던 것이다. 하루아침에 20점이 날아 갔다. 지금 같으면 전산

망을 통해 사실관계를 확인하면 끝날 일이었지만, 당시에는 사실관계를 입증하기가 만만치 않았다. 게다가 사관학교 응시 불가능으로 일반 대학 진학에는 의욕도 거의 없었고, 늘상 어려웠던 집안형편으로 대학진학을 아득바득 욕심낼 상황이 아니었다. 대학입시 진학지도로 바빠진 담임선생님의 처지도 한몫했다. 그렇게 나의 체력장 점수 20점은 자의반 타의반으로 0점이 되었다.

나는 허탈한 심정으로 등록금 부담이 적은 지방 국립대학에 지원해 합격했다. 고등학교에서 이과를 다닌 이유도 있지만, 당시 전산학과 계열은 매우 높은 취업률을 자랑하던 인기 학과였다. 그러나 체력장 점수만 있었어도 서울 명문대학에 갈 수 있었다는 생각에 학과생활에 흥미를 느낄 수 없었다. 손에 잡혔다가 놓쳐버린 물고기를 멍하게 바라보는 심정처럼 한동안 방황했다. 그렇게 어슬렁거리면서 나 자신을 못마땅하게 생각했지만, 그나마 남아있던 재미와 열정을 지탱해준 것은 대학 방송국 활동이었다.

서울 짜장면, 그리고 고시공부

방송국 활동으로 나름 바쁜 대학생활을 했지만, 적성에 맞지 않는 학과공부로 2학년 1학기까지 지내고 보니 도저히 견디기 힘들었다. 가슴을 파고드는 허전함은 시간이 지날수록 짙어지기만 했다. 2학년 1학기 성적표를 받아들고서 고민을 했다. 휴학을 하면 군대 입영영장이 나오던 시절이라 주저했지만, 과감한 전환의 기회를 놓치면 평생 후회할 것 같은 마음이 들었다. 아버지에게 결심을 말씀드린 다음날 새벽기차로 무작정 서울로 향했다. 옷가지 몇 벌이 든 가방과 석달치 생활비 30만원을 들고 서울역에 내렸다.

당시 우리나라에서 제일 오래되었다는 종로학원에 가서 새로운 도전에 나설 참이었다. 서울역에 내리자마자 종로로 갔다. 종로학원이 종로에 있는 줄 알고 종로3가로 갔지만, "종로학원은 서울역 부근에 있다"는 말을 듣고 다시 서울역으로 회군(回軍)하는 해프닝도 있었다. 새벽밥을 급히 먹고 기차로 달려온지라 너무 배가 고파 중국집을 찾았다. 호기롭게 시작한 서울 생활은 그렇게 중국집 짜장면을 먹으면서 출발하였다. 짜장면의 맛이야 전국 어딜 가나 비슷하겠지만, 생전 처음 서울에서 맛본 짜장면은 나에겐 '맛집 이상의 맛'을 보여준, 말그대로 '서울 짜장면'이었다. 지금도 옷가방과 30만원을 조심스레 움켜쥐고 먹던 '서울 짜장면이 보여준 기막힌 맛'을 잊을 수 없다. 허기진 배를 채우고 서울역 건너편에 있다는 대입학원을 찾아갔다. 어느덧해가 넘어가는 저녁 무렵에 학원에 들어갔더니 "종합반은 이미 늦었다. 단과반으로 등록하라"는 말이 돌아왔다. 단과반 몇과목을 등록하고 독서실에서 먹고자는 힘겨운 재수생 생활을 시작했다. 이때 전공을 이과에서 문과로 바꾸었다.

석달이 하루같이 지나가는 바쁜 입시공부 속에서 학원 선생님들에게 많은 도움을 받았다. 흔히 말하는 국영수는 시간부족으로 제대로 공부하지 못했지만, 나머지 과목에서는 거의 만점이 나오곤 했다. 그러나 8월에 시작한 입시공부로 인해 4월에 있었던 체력장 시험을 치르지 못했던 터라, 또다시 20점의 혜택도 없이 대학지원을 해야 했다. 동국대 정치외교학과에 지원하여 합격했지만, 당시 입시점수로는 큰 점수인 20점을 합산했더라면, 나는 어떤 길을 걸었을까 궁금하다. 인생사 새옹지마라는 말도 있지만, 하여튼 나는 체력장 20점에 두 번이나 분루(憤淚)를 삼켜야 했다.

1991년 5월 나는 군대를 제대하고 복학할 때까지 고향에서 부모님 농사일을 도왔다. 어느날 모내기를 마치고 경운기로 골목길을 돌다가 담벼락에 부딪히는 작은 사고가 일어났다. 그때 사고로 오른손 엄지 살점이 떨어져 병원에서 봉합수술을 받았다. 부모님 농사를 돕겠다고 나선 큰아들의 상처에 부모님의 상심(傷心)은 이만저만 아니었다. 그러나 떨어진 엄지 살점을 찾지 못한 채 봉합수술을 받는 바람에 지금도 엄지로 글씨를 쓸 때면 불편함을 느낀다. 고향땅 농사일에서 부모님에게 괜한 염려만 드린 채 무거운 마음으로 서울로 다시 돌아왔다.

서울로 돌아올 무렵, 나는 고시공부를 통해 공무원이 되겠다는 생각을 굳혔다. 어릴 때 들었던 사주쟁이 할아버지의 말도 있었지만, 왠지 외교관의 길이 나에게는 적성이 맞다는 생각에 외무고시를 준비하기로 했다. 국가와 국민을 위해 헌신하고 봉사하는 공직자의 길을 상상하는 것만으로도 행복했다.

그렇게 시작한 외무고시는 녹록하지 않았다. 2년 동안 외무고시 1차 시험에 준비하며 책과 씨름했는데, 한 문제 차이로 낙방하자 실망이 말할 수 없이 컸다. 그러나 실망에 움츠리거나 쉴 수도 없었다. 석달 후에 있을 행정고시로 곧바로 뛰어들었고, 다행히 1차 시험에 합격하였다. "장군이나 외교관이 된다"는 사주쟁이 할아버지의 예언(?)은 보기좋게 빗나갔지만, 남은 2차시험 준비에 온 힘을 다했다. 지금도 고시공부는 시간과 정보, 체력과의 싸움이었지만, 나에게는 의외의 시련이 기다리고 있었다.

고향에서 농사일을 돕다가 다친 엄지손가락이 문제였다. 컴퓨터 자판을 치는 데는 문제가 없지만, 답안지를 정갈하게 써내려가야 하는 고시공부에는 큰 난관이었다. 글씨를 쓰기 위해서는 엄지손가락이 자유롭게 움직여야 하는데, 볼펜을 쥔 엄지손가락이 마음처럼 따라와 주지 않았다. 힘든 고시공부를 하면서 엄지손가락으로 글씨를 빠르고 예쁘게 쓰는 연습도 게을리 하지 않아야 했다. 어느 정도 속도를 내면서 글씨를 예쁘게 쓸 수 있는 상태는 되었지만, 고시공부를 준비하는 동안 내내 아픈 엄지손가락 때문에 마음고생도 많이 했다.

2차 시험을 준비하기 위해 시험장 근처에 방을 잡고 마지막 고시공부에 매달렸다. 나름대로 제대로 준비했다는 자신감과 함께 2차 시험에 임했지만, 첫날 행정법 시험에서 전혀 예상하지 못했던 문제가 나왔다. "행정행위에 대해 논하라"는 문제였는데, 너무 포괄적인 문제에 10여분 동안 갈피를 잡지 못했다. 우선 작은 문제 2개에 대한 답안을 충실하게 적어놓았지만, 결국 큰 문제는 횡설수설로 채우고 말았다. 나중에 보니 행정법 점수로 인해 최종합격선에서 0.14점과 총점기준으로는 1점이 부족해서 행정고시 2차에 낙방하고 말았다. 조금만 더 차분하게 임했더라면 하는 아쉬움이 두고두고 가슴에 맴돌았다. 아픈 엄지손가락으로 힘들었던 고시공부도 '차분함을 잃어버린 허둥거림으로 망쳤다'는 자책감에 접어야 했다.

정당활동을 통한 새로운 탐사

시험에 떨어졌다는 생각이 한동안 나를 괴롭혔다. 더구나 경제적

다산 생가

여력이 없었던 나로서는 더 이상 고시공부에 매달릴 상황도 아니었다. 무엇보다 연로하신 부모님을 모셔야 하는 처지에 고시책에 파묻혀 있는 시간도 호사(豪奢)에 가까웠다. 이런저런 고민으로 시간을 보내던 차에 정당사무처 시험공고가 눈에 들어왔다. 마침 행정고시 시험과목과도 비슷했기에 별다른 시험준비가 필요없어 보였다. 그렇게 나는 당시 한나라당 중앙당 사무처 공채시험에 응시해 좋은 성적으로 합격할 수 있었다. 어릴 때 가졌던 장군과 공직자의 꿈이 예비정치인으로 탈바꿈하는 순간이었다.

나는 정당 사무처에서 새로운 출발의 막을 올렸다. 밀양 산골의 개구쟁이에서 장군의 꿈을 키웠던 고등학교 시절을 지나 행정고시

다산 부부 합장 묘

의 열매를 눈앞에서 놓쳐버린 청년의 좌절을 딛고서 '또다른 비상 (飛上)'의 대문을 활짝 열고 들어섰다. 지금까지 살면서 인생의 전환점을 여러차례 경험했지만, 돌이켜보면 중앙당 사무처의 생활은 인생의 진로(進路)을 가르는 중요한 이정표이자 분기점이었다고 생각한다. "왜 한나라당이냐?"는 일부의 편잔도 없었던 것은 아니지만, '삭막한 사막을 가로지르는 대상(隊商)'과도 같은 힘든 여정을 달려왔던 나로서는 아버지의 말씀처럼 '자신의 중심'이 문제였지 '진영(陣營)'이라는 패거리 의식은 전혀 문제가 되지 않았다.

새내기 예비정치인으로 출발하던 그날부터 나는 '공존과 조화'라는 가치를 놓치지 않으려고 무던히 노력했다. 타인과의 차이를 인정하고 균형과 공존으로 함께 사는 것이 정치인의 초심이라고 생각했다. 실시간으로 주어지는 정당업무와 틀에 박힌 진영사고로 둘러쳐진 울타리에 있으면서도, 나는 한계에 안주하지 않고 '공존과 조화'로 실천하는 새로운 탐사를 위해 최선을 다했다.

다산(茶山)의 당호(堂號)는 여유당(與猶堂)이다. "與兮若冬涉川 (여혜약동섭천) 猶兮若畏四隣(유혜약외사린)'이란 도덕경에서 따왔다고 한다. 조심하기를 의심 많은 코끼리가 겨울에 언 강을 건너듯 하고, 신중하기를 겁 많은 원숭이가 사방 이웃을 두려워하는 것처럼 하라는 뜻이다. 이렇듯 천하를 집어삼킬 듯 포효하던 다산(茶山)도 끊임없이 자신을 경계하고 신중하기를 멈추지 않았다는 얘기다. 군이 다산(茶山)의 경계를 빌리지 않더라도, 나는 정치권에 있으면서 '고기를 기다리면 손해라는 생각에 서로 먹겠다고 달려들어 결국 익지 않은 고기를 먹는 바람에 모두가 탈이 나는' 광경을 숱하게 보았다. 나는 정당생활의 고단함 속에서도 200년전 다산(茶山)의 경계함을 잃지 않으려 애를 썼다. 그래서인지 '만인에 대한 만인의 투쟁'이라는 험난한 정치적 공간에서도 한번 맺은 인연의 소중함을 놓치지 않고 지낼 수 있었다.

"서로 의견이 합치되지 않는 것은 반드시 참으로 희기에 희다고 하는 것이지, 속으로는 검은 줄 알면서 억지로 희게 하려는 것은 아닐 것입니다. 마음이 이러하다면 이는 저와 마음이 같은 것입니다. 이미 마음이 같은데 말이 어긋나는 것쯤이야 무슨 상관이 있겠습니까?"

– 다산(茶山)과 대립하던 노론(老論)명가의 후손
문산(文山) 이재의(李載毅)에게 보낸 서신에서 –

초당 오르는 돌길

3. 제가(齊家)의 길

200년전 다산(茶山)의 가족애는 남달랐다. "한자(漢字)가 생긴 이래 가장 많은 저술을 남긴 대학자"였던 다산(茶山)이었기에 어찌 가족 사랑의 흔적과 서신이 없었겠는가. 다산(茶山)의 가족사랑은 200년의 시공(時空)을 넘어 현대를 살아가는 우리에게 아름다운 덕목의 지혜와 귀감을 보여주고 있다.

다산(茶山)은 15세의 나이에 풍산 홍씨 집안의 처녀와 결혼하여 아들 6명과 딸 3명으로 9명의 자녀를 보았으나, 4남2녀의 자식을 먼저 땅에 묻고 2남1녀의 자녀를 키웠다. 16세에 한 살 어린 다산(茶山)과 결혼한 부인 홍씨는 역적이 되어 귀양살이를 떠난 남편을 대신하여 18년의 긴 생이별을 하는 동안 아이들을 데리고 폐족의 집안을 가꾸며 살았다고 한다. 기나긴 귀양살이를 마치고 고향으로 돌아온 다산(茶山)은 결혼 60주년이 되는 회근일(回졸日) 아침에 세상을 떠났다. 세상을 떠나기 3일 전에 쓴 회근시(回졸詩)가 지금까지 전해오고 있다.

육십년 세월 잠깐 사이에 흘러갔음에도
짙은 복숭아 꽃, 봄 정취는 신혼 때와 같구려.
살아 이별하고 죽어 헤어짐은 사람의 늙음을 재촉하지만,
슬픔은 짧고 기쁨은 길었으니 성은에 감사하오.
이밤 목란사 소리는 더욱 다정하고 좋으니
옛날 치마폭에 쓴 먹자국은 아직도 남아 있소.
헤어졌다 다시 만남이 참으로 우리 모습이니
한 쌍의 표주박을 자손에 남겨 줍시다.

다산(茶山)이 귀양하던 때에 부인 홍씨가 치마를 보냈는데, 다산(茶山)은 부인이 보내준 치마에 종이를 붙여 4개의 글씨첩을 만들었다. 지금도 전하는 글씨첩은 '하피첩(霞帔帖)'라 불리는데, "아내가 보내준 낡은 치마 다섯 폭을 잘라 작은 첩을 만들고, 경계하는 말을 써서 두 아이에게 준다"는 글로 선비에게 필요한 마음가짐과 삶의 태도를 두 아들에게 적은 편지글이다. 아내가 시집

하피첩 : 敬으로 안을 곧게하고 義로 밖을 반듯하게 한다

올 때 입었던 빛바랜 치마 다섯 폭을 조각조각 잘라 아들에게 보내는 아버지의 당부를 적었던 것이다. 무고(誣告)한 폐족으로 살아야 했던 가족들에 대한 다산(茶山)의 마음이 노을빛처럼 붉게 빛나면서 봄날의 짙은 복사꽃 내음처럼 전해지는 것은 나만의 괜한 감상일까.

　나는 평생동지나 다름없는 사랑하는 아내의 남편이자, 금쪽같은 두 딸의 아빠가 되었다. 아내와의 33년 만남은 나에게는 큰 행운이었고 기쁨이었다. 지금까지 함께한 시간보다, 앞으로 함께 할 시간이 더 많음에 감사할 따름이다.

내가 아내를 만난 것은 재수학원을 거쳐 대학에 입학한 1987년 이었다. 그해는 소위 '6·10 민주항쟁'으로 불리는 격동의 시기였다. 학교와 거리에는 최루탄 연기가 가실 날이 없었다. 학생들의 구호소리가 교정을 뒤덮으며 '권위적 질서를 넘어서려는 정치적 자유주의'가 만개하였고, 그 결과로 직선제 개헌이라는 대전환점이 마련되던 시대였다. 그렇게 혼란스러운 시기에 아내와의 첫 만남이 일어났다.

정치외교학과는 시위가 있는 날이면 언제나 시위대의 맨 앞에서 돌팔매질을 하며 격렬하게 싸웠다. 부모님의 걱정과 가난한 형편으로 시위에 적극적으로 앞장서지는 않았으나, 동시대의 대학생들이라면 누구나 접했을 책들을 읽으면서 역사와 사회를 균형 있게 대하려는 지적 탐구는 놓치지 않았다. 당시 나는 교내 영자신문사인 「The Dongguk Post」에 리포터 합격해 활동하고 있었는데, 기자를 꿈꾸면서 영어도 배우고 어려운 형편에 등록금 면제는 물론 활동비까지 받을 수 있어서 말 그대로 '1석4조'의 노른자위 생활이었다. 바로 이 신문사에서 아내를 만났던 것이다.

아내는 내가 영자신문사 정기자가 되어 활동하고 있던 2학기 추가모집에 지원했다. 면접을 위해 문을 열고 들어오는 아내를 보는 순간, 나는 시간이 멈춰버린 것 같았다. "인연은 첫눈에 알아본다"고 했던가. 무언가 광채가 나는 것처럼 밝은 아내의 모습에 나는 질문도 하지 않고 멍하게 바라보기만 했다. 면접이 끝나기가 무섭게 지도교수에게 "이제는 여학생 기자도 뽑아야 한다"고 강력하게 주장했고, 그 결과 아내는 시험을 통과해 신문사에 들어왔다. 당시 영자신문사에는 여학생 기자가 없었기 때문에 2명을 동시에 선발한 건 상당한 파격이었다.

그 후 한 달도 지나지 않아 나는 아내에 대한 주체할 수 없는 감정에 빠지고 말았다. 기자로서의 활동은 뒤로 한 채, 넋 나간 사람처럼 아내를 따라다니며 사귀자고 졸랐다. 그렇게 애타게 졸라대던 아내와의 인연은 깊은 숙성을 위한 기다림이 필요했던지 13년 후에나 결혼으로 결실을 맺을 수 있었다.

아내와의 연애는 1987년 9월부터 시작되었는데, 당시 연말에 있었던 '대종상 후보작' 상영 영화제를 계기로 서로를 더 깊게 이해할 수 있었다. 나는 아내와 함께 충무로 대한극장에서 아침부터 저녁까지 상영하는 '후보작 영화'들을 보았는데, 쉴새없이 돌아가는 스크린을 앞에 두고 둘이서 소곤소곤 많은 얘기를 나누다보니 영화제목은 거의 떠오르지 않는다.

그날 이후 나는 아내가 타는 17번 시내버스를 매일 저녁 태워주는 게 중요한 일과가 되어버렸다. 수업을 마치고 신문사 일과가 끝나면 누가 먼저랄 것도 없이 퇴계로 5가로 달려갔다. 그곳에는 테이블 두 개가 달랑 놓여있던 작은 카페가 있었는데, '우리들의 꿈은 금빛 날개를 타고'라는 멋진 이름을 가진 카페였다. 군대에 입대하기 전까지 1년 넘게 하루도 거르지 않고 함께 만나던 카페를 우리는 '쪽빛'이라고 줄여 불렀다. 이름그대로 '쪽빛카페'는 사랑의 금빛날개를 탄 우리에게 둘만의 아늑한 쉼터가 되어 주었다.

수업과 수업 사이에 있었던 틈새 휴식시간도 아까웠던지 캠퍼스 구석에 앉아서 도둑 데이트도 즐기곤 했다. 쪽빛카페와 캠퍼스 도둑데이트에서 이어간 '치밀하고 조심스런' 우리의 사랑을 어느 누구도 눈치 채지 못할 거라는 흐뭇한 자신감도 때론 들었다. 물론 그 사랑의 인연이 13년이나 계속 될 줄은 꿈에도 모르는 채 말이다.

곰발바닥 군생활과 아내의 주말 면회

2학년이 되면서 군 입대에 대한 막연한 부담이 생겼다. 먼저 입대했던 친구들은 제대 날짜를 손꼽아 기다리는데, 반수생을 거쳐 입학하는 바람에 다른 친구들보다 늦게 입대하려니 막막했다. 그래도 젊은 청춘에 보내는 짧지 않는 군생활을 어떻게 하면 알차게 보낼 수 있을까 고민도 했다. '쪽빛 카페'의 영원한 동반자였던 아내와 이런저런 상의를 했다. 아내(물론 당시는 여자친구였다)는 위생병을 해보면 어떠냐고 했다. 나중에 장인어른이 되시는 아버지가 위생병을 했던 기억을 떠올린 것이다. 심지어 학교 내 게시판에 붙은 광고를 보고 나에게 학원비까지 쥐어주었다. 아내의 솔깃한 제안과 지원에 힘입어 동대문운동장 앞에 있던 간호학원에 등록해 두 달간 간호조무사 교육과 시험을 마치고 논산훈련소에 입대했다.

부모님에게 큰절로 입대 인사를 드린 다음날 아내와 함께 논산행 고속버스를 타고 훈련소로 갔다. 6.25 직후 전방 12사단에서 군복무하셨던 아버지로부터 '춥고 배고픈' 군생활을 익히 들었던 터라 훈련소로 들어가기 전부터 엄습하는 긴장과 군기로 똘똘 뭉쳐 있었다. "매일 편지 쓰고, 자대 배치 받으면 면회오겠다"는 아내의 말을 뒤로 한 채, 인솔 조교들의 구령소리에 맞추어 어줍잖은 신병의 첫 발걸음을 훈련소 안으로 미련없이 던져 넣었다.

정신없이 힘든 신병훈련을 하는 동안에도 아내가 보내오는 편지는 큰 위안이 되었다. 연인 사르트르에게 보내던 보부아르의 편지도 아내의 편지에 견줄 수 있었을까. 아내의 편지는 훈련병의 군복으로 파고드는 꽃샘추위도 막아주는 로맨스 가득한 사랑의 세레나데였다. 그렇게 아내의 편지가 50여 통 정도 쌓일 즈음에 뜻하지 않은 대형사고가 터졌다. 대학 친구들이 나를 골탕 먹일 요량으로 장난을 친 것이 화근이었다. 나에게 보낸 우편물에 집회선동 유인물과 함께 "적들의 심장에서 열심히 싸우라"는 장난 섞인 편지를 보낸 것이다. 이 우편물이 군사보안 검열과정에서 적발되었다.

변변한 해명을 할 틈도 없이 한 시간 가량 구타를 감내해야 했다. 이어진 관물대 검사에서 6주간 받은 아내의 편지가 쏟아져 나왔지만, 나에게 온 편지란 편지는 모두 소각대상으로 간주되어 눈앞에서 모두 불태워져 버렸다. 신병훈련이라는 가장 외롭고 힘들었던 시기에 유일한 희망과 의지처가 되었던 아내의 편지는 그렇게 친구들의 짓궂은 장난으로 재가 되어 버렸던 것이다. 나는 지금도 군생활을 하면서 받았던 700여통에 이르는 아내 편지에 못지않게 훈련소에서 재가 되어버린 50여통의 편지가 애타게 그리울 때가 있다. 한구절 한구절이 아련한 기억으로만 자리잡은 사랑의 세레나데는 이제 추억 속에서만 찾을 수 있으니 말이다.

느닷없는 적색분자로 몰려 홍역을 치러야 했던 논산훈련소에서의 신병교육을 마치고 열차를 타고 전방을 향했다. 춘천 102보충대를 거쳐 홍천 11사단으로 배속받았다. 자대로 배치받은 11사단 9연대는 전방부대였지만, 경계근무보다 1년 내내 고강도 훈련만 받는 악발이 부대로 유명했다. 나무젓가락사단, 곰발바닥사단 등

육군 11사단 동계훈련, 1989

11사단에 붙은 별칭처럼 매일 이어지는 혹독한 훈련으로 유명한 부대였다. 부대 내에서는 발바닥에 물집 잡히지 않게 굳은 살이 박히라고 모든 이동을 군화 대신 맨발로 다녀야 했다.

아침기상마다 부대 앞산까지 뛰는 구보와 밥 먹듯 하는 장거리 행군에 어느덧 몸은 나무젓가락처럼 바뀌어갔다. 웬만한 가시도 뚫지 못하는 곰발바닥이 되어가던 힘든 군생활에도 아내의 면회는 큰 위안이 되었다. 주말이면 찾아오는 아내의 면회로 부대원들의 시샘과 놀림을 받기도 했지만, 위생병이라도 열외 없이 곰발바닥과 나무젓가락으로 만들어버리는 11사단의 훈련을 견디게 하는 유일한 안식처였다. 어쩌면 나는 군기로 버틴 것이 아니라, 아내의 사랑으로 버텼다는 말이 맞을 듯싶다. 지독한 훈련과 아내의 주말 면회말고는 달리 내세울 무용담도 없는 나의 곰발바닥 군생활은 그렇게 끝나고 무사히 제대할 수 있었다.

"이 사람을 마음에 두고 떠날 순 없다"

힘든 곰발바닥 군생활을 마치고 복학했을 무렵, 아내는 대학을 졸업하고 국내 대학원으로 진학할지 아니면 해외로 유학을 갈지 고민하고 있었다. 아내가 없는 공간을 견딜 자신이 없었던 나는

"지금 미국으로 유학을 가면 나와의 인연은 끝난다"고 반강제적 통첩을 했고, 아내는 결국 나를 선택했다. 당시 일본에 사셨던 처외숙모를 만났을 때, 아내는 "이 사람을 마음에 두고 어떻게 떠날 수 있겠나. 그 길이 어떤 길이든 함께 하겠다"고 했다고 한다.

그 후 아내는 유학을 접고 대학원으로 진학했다. 아내의 석·박사 논문 지도교수였던 김홍범 교수는 기초과학 연구에 대한 열의가 대단했던 분이었다. 막 교수로 부임하자마자 실험실을 제대로 꾸려 대학원생들과 함께 밤낮으로 연구에만 매달렸다. 그런 지도교수 덕분에 아내는 외국 유학에 대한 미련을 버리고 국내에서 연구활동에 매진할 수 있었다. 아내가 석·박사 과정을 거칠 즈음에 나는 고시공부를 하고 있었다. 대학 내 고시학사에 들어가 숙식을 해결하면서 고시공부에 전념할 때였다. 고시학사 기숙(寄宿)으로 생활비를 아끼고 장학금까지 받을 수 있어 여간 다행이 아니었다. 고시공부를 하면서도 밤 11시가 되면 아내가 연구에 전념하던 과학관 유기화학 실험실을 몰래 둘러보곤 했다. 남자친구가 지켜보는지 모른 채 하얀 가운을 입고 연구에 몰두하던 아내의 모습은 힘든 고시생활을 하던 나에게 아름다운 격려와 힘이 되었다.

행정고시 1차에 합격하던 무렵, 나는 대학 내 고시학사를 떠나 신림동 고시촌으로 거처를 옮겼다. 밤늦게 아내 실험실로 가는 일과가 없어지면서 공부에는 도움이 되었지만, 먼 길을 오가야 하는 아내의 입장에서는 여간 곤욕이 아니었다. "거리가 너무 멀다"는 아내의 투덜거림도 달콤한 속삭임으로 들릴 만큼 서로에 대한 애정은 깊어만 갔던 시절이었다.

돌아보면 고시공부와 씨름했던 시간이 결코 짧지 않았다. 하루하루 단순반복되는 책과의 씨름은 인내(忍耐)가 되어 훗날 힘든 시기에도 나를 버티게 해준 동력이 되었고, 어떤 일에도 일희일비(一喜一悲)하지 않는 진중함을 심어주었다. 그리고 고시생활을 하면서 맺었던 인연들도 소중했다. 지금도 가끔 그 시절 친구들을 만나면 무용담처럼 그때를 회상하곤 한다. 어떤 친구들은 공직자나 법조인이 되었고, 어떤 친구들은 사회활동을 통해 크게 성공한 친구들도 적지 않다. 아마도 고시생활의 고단함 속에서도 끊임없는 희망으로 자신을 단련하던 힘이 그들에게는 소중한 자산이 되지 않았을까.

앞서도 얘기했지만, 행정고시 2차를 0.14점차로 떨어졌다. 그때 내 나이는 이미 30대를 맞이하고 있었다. 연로하신 부모님에 기댄 고시생활도 더 이상 염치없다는 생각에 미련 없이 접었다. 아내에게도 고민 끝에 말했더니, "내가 먹여 살릴테니 걱정말고 그만두라"고 오히려 위로를 해주었다. 부모님에 대한 죄송스러움과 아내의 위로를 믿고 던져버린 고시공부였지만, 막상 그만두고 나니 뭘 해야 할지 갈피를 잡기 어려웠다. "사지육신 멀쩡한 청춘이 할 일이 없겠냐?"고 스스로를 다잡았지만, 호기(豪氣)와 달리 현실은 녹록하지 않았다. 그렇다고 목표와 전망을 놓아버린 고시촌에 무작정 엉덩이를 붙이고 있을 수는 없는 노릇이었다. 나는 그렇게 공직자의 꿈을 키웠던 고시촌을 떠나 생업을 위한 전장터로 발걸음을 옮기기 시작했다.

우선 취직부터 해야겠다는 생각에 사방을 다녔지만, IMF 사태를 거친 취업시장은 삭막하기 그지없었다. 백수로 결혼할 수는 없는 일이었다. 다행히 운이 따랐는지 괜찮은 모회사에 입사할 수 있었다. 나는 입사하자마자 아내에게 달려가 "2000년 1월 1일 밀레니엄 데이에 결혼하자"고 청혼했다. 그날이 1999년 12월 15일이었다. 결혼식까지 보름밖에 남지 않았지만, 당시 아내와 나에게 시간은 아무런 문제가 되지 않았다. 바로 다음날 밀양에 가서 부모님을 찾아 인사드리고, 경북 청도에 계셨던 장인장모님과도 상견례를 일사천리로 진행했다. 아내와 나의 과감한 속도전에 어느 누구도 이의를 제기할 수 없었으나, 문제는 예식장이었다. 찾아간 예식장마다 "1월 9일 밖에는 예약할 수 없다"는 답이 돌아왔다. 그러나 우리는 13년의 기다림으로 단련된 '사랑의 전사(戰士)'가 아니던가. 더는 뒤로 미룰 수 없다는 생각에 '1월 9일 결혼식'으로 예식장 예약을 마쳤다. 비록 9일이 지났지만, 그날이 우리에게는 '밀레니엄데이'였다.

드디어 결혼, 택시로 떠난 신혼여행

아내와 나는 13년이란 오랜 연애 이력에 마침표를 찍고, 2000년 1월 9일 밀양에 있는 예식장에서 일가친지를 모시고 결혼식을 올렸다. 주례는 아내의 학위와 연구를 이끌어주셨던 지도교수님이 서주셨고, 사회는 고시촌에서 동고동락했던 친구가 해주었다. 사회를 본 친구는 가난한 고시생 시절에 시내버스 500원을 아낀 돈으로 산 아이스크림을 함께 먹던 막역지우(莫逆之友)로 행정고시에 합격해 지금은 중앙부처 국장으로 근무하고 있다.

청혼을 하자마자 보름 만에 올린 결혼식이었으니, 신랑신부 입장 말고는 무엇 하나 제대로 준비된 게 없었다. 짧은 준비기간으로 변변한 청첩장도 보내지 못했고, 신혼여행지조차 정하지 못한 상태에서 무작정 올린 결혼식이었다. 양가 집안 어른에 대한 폐백을 마치고 결혼식장을 나서니 어디로 가야 할지 막막했다. 신혼여행지를 정하지 못한 새신랑과 새신부가 보기에 딱했는지, 사촌형이 지나가는 택시를 잡아주면서 어디로든 빨리 떠나기를 재촉했다. 나는 영화 '졸업'에서 신부를 낚아채고 달아나는 더스틴 호프만처럼 아내의 손을 잡고 누가 볼세라 얼른 택시에 올라타 "부산으로"라고 외쳤다.

택시기사는 "지나가는 택시를 타고 신혼여행가는 사람은 처음본다"며 재미있어 했다. 그렇게 달리던 택시는 김해 장유휴게소에 멈추었고, 어느새 눈은 비로 바꾸어 내리고 있었다. 택시기사와 신혼부부가 우동 한 그릇으로 허기진 배를 채우는 진풍경을 연출했다. 그렇게 달린 택시는 비가 부슬부슬 내리는 송정해수욕장에 도착했으나, 사방을 둘러보니 호텔은 없고 간간히 모텔 네온사인만 반짝였다. 정신없이 올린 결혼식에다 앞뒤없이 달려온 신혼여행이라도 새신부를 모텔에서 재울 수는 없는 노릇이었다. 그때까지 기다리던 택시기사에게 고급호텔이 많은 해운대로 가자고 말하고, 또다시 빗속을 달렸다. 이미 아내의 신부화장은 쏟아져 내리는 비에 얼룩이 진채, 예식장을 입장하던 화려한 신부의 자태는 온데간데 없었다.

빗속에 신혼부부를 무정하게 내려주고 떠나가는 택시를 뒤로하고 호텔을 찾아 나섰다. 두 군데 호텔에서 허탕을 치고 찾은 파라다이스 호텔 프런트는 물에 빠진 생쥐 꼴로 선 신혼부부에게 "신혼여행이냐?"고 물어왔다. 아마도 호텔리어 생활을 하면서 우리 부부처럼 비에 헝클어진 몰골로 들어선 신혼부부를 처음 보았으리라. 다행히 호텔 측의 배려로 전망 좋은 방을 구할 수 있었고, 그곳에서 2박 3일간의 신혼여행으로 결혼식의 대미를 마칠 수 있었다. 부산 구석구석을 돌아다니며 보낸 신혼여행을 마치고, 아내와 난 호텔 앞에서 파는 신혼여행 기념타월 100장을 챙겨들고 청도 처갓집으로 향했다.

열차에서 내려 들어간 처갓집에는 처가 친척들이 '사냥감을 기다리는 포수'처럼 원(圓)으로 둘러앉아 신혼부부를 기다리고 있었다. 처갓집 식구들은 인사를 마치고 앉은 신랑에게 "노래 한곡으로 신고식부터 치르자"고 했다. 해외유학까지 보내려했던 귀한 딸을 훔쳐가는 도둑놈 처지에 이것저것 가릴 상황이 아니었다. 주뼛거릴 새도 없이 벌떡 일어나 '밀양 아리랑'을 밀양촌놈답게 목청껏 불렀다. "날 좀 보소, 날 좀 보소, 동지섣달 꽃 본 듯이 날 좀 보소. 정든 님이 오시는데 인사를 못해 행주치마 입에 물고 입만 방긋". 능청스럽게 민요를 불러대는 새신랑의 넉살에 분위기는 한껏 고조되었다. 다행히 흥겨운 가락에 모두가 웃음을 터뜨리는 즐거운 시간을 보냈다.

그렇게 화기애애한 분위기가 무르익을 때 즈음, 처갓집 친척 중

누군가 나에게 "자네는 가진 재산은 좀 있나?"라고 대뜸 묻는 것이 아닌가. "시골논 몇 마지기 있지만, 그건 부모님 재산이고 난 가진 게 없다"고 대답했더니, "처갓집 재산보고 장가왔나?"라고 퉁명스럽게 말하는 것이었다. 처가는 시골집 치고는 부유한 편이었다. 장인어른이 약방을 40년 이상 운영했으니 밀양 산골의 우리 집과는 비교대상이 되지 않았다. 물론 신랑을 놀리려고 짓궂게 한 말이라고 여겼으나, 13년 연애로 이어진 아내와의 만남이 '재산을 노린 결혼'으로 여겨지는 것 같아 마음이 두고두고 아팠다.

아내와 난 지금까지 검소하게 살고 있다. 이는 아내의 타고난 부지런함과 알뜰한 절약정신이 한몫했다. 이런 검소함 덕분에 지금까지 처갓집은 물론이고 다른 이에게 손 벌리지 않고 우리 가족들의 힘으로 행복하게 지낼 수 있었다. 우리 부부의 모습이 아이들에게도 영향을 미쳤는지 알뜰함과 부지런함은 아내의 모습과 판박이다.

흐르고 떠나가는 세월의 시간 속에서도 대학 신문사의 면접실에 들어서던 아내의 첫모습을 지금도 잊지 않고 있다. 13년의 만남, 그리고 결혼으로 이어지기까지 언제나 아내의 모습은 그 순간에 머물러 있다. 지금도 선명하게 말이다.

일 욕심 많은 아내와 두아이의 절약신공(節約神功)

아내의 고향은 경북 청도 풍각면이다. 시골에서 약방을 하시는 장인어른은 어린 자녀들을 서울로 유학을 보내 학업을 독려하셨던 교육열 높은 분이었다. 그 덕분에 아내는 고향에 대한 추억보다 서울생활의 기억이 더 많은 도시소녀였다. 1958년부터 청도에서 약방을 운영하셨던 장인어른의 영향 때문이었는지 아내는 고등학생 시절부터 약사가 되고 싶었다고 한다. 결국 동국대를 졸업하고 성균관대 약대로 다시 입학해 약사 자격증을 취득했으니 장인어른의 가업을 이어받는 셈이었다.

큰 처남은 미국에서 박사학위를 받고 경희대 언론정보학부 교수로 오랫동안 재직하고 있고, 언니는 수원에서 고등학교 영어선생님으로 교직생활을 하고 있다. 남동생은 연세대를 졸업해 대기업을 다니는 인재(人才)로 형제 모두가 나름의 영역에서 사회적 인정을 받는 생활을 영위하고 있다. 이 모든 것이 장인어른과 장모님의 열정적인 자식교육이 있었기에 가능했다. 아내와 결혼생활을 하면서 느꼈던 '지칠 줄 모르는 열정과 소박함'도 장인어른과 장모님의 영향 때문이 아닐까 싶다.

아내는 동국대에서 유기화학으로 석·박사를 마치고, 성균관대 약대를 다시 입학해 약사가 되었다. 동성제약, 일성신약을 거쳐

'300년의 역사를 가진 세계최고 다국적 제약회사'인 글락소스미스클라인(GSK)에서 본부장을 거쳐 이사까지 역임했다. 이처럼 좋은 가정환경에서 자라 화려한 사회활동 경력을 가진 아내지만, 때로는 지나친 검소함으로 나를 당황하게 할 때가 많다. "검소함이 지나치면 궁색함이다"는 나의 핀잔에도 아내의 재활용 정신은 식을 줄을 모른다.

아내는 학창시절 때 사용하던 물건들을 지금도 사용하고 있다. 항상 운동화를 즐겨신는 아내는 그다지 비싸지도 않은 운동화 한 켤레가 헤질 때까지 신고다닌다. 나는 아내의 이런 지독스러운 절약 신공(神功)에 괜스레 기가 질리고 눈치를 볼 때가 한두번이 아니다. 심지어 아내 몰래 물건을 사거나 신발을 사놓고는 가슴을 졸여야 하는 눈물겨운 상황도 가끔 벌어지곤 한다. 아이들도 엄마의 검소함을 보고 자란 탓인지 모녀의 용맹한 절약정신에 아빠로서의 체면이 말이 아닐 때도 있다.

나는 1987년 9월 아내를 처음 본 이후 '화장한 아내 얼굴'을 딱 한번 보았다. 결혼식장 신부화장을 한 아내 얼굴이 처음이자 마지막이었다. 아내의 화장한 얼굴은 미스코리아가 울고 갈 정도이다. 나의 친구 중 한명은 이런 아내를 두고 농담 삼아 '1987년 미스코리아 후보'라고 놀리곤 한다. 아내는 화장도 하지 않지만, 치마도 거의 입지 않는다. 낡은 운동화를 신은 캐주얼한 복장으로 당차게 사회생활을 한다. 가족에 대한 사랑과 일에 대한 열정만큼은 아낌없이 낭비하는 아내의 모습에서 나는 '아내와 아이들과 함께 행복하게 살아야 할 이유'를 새삼 발견한다.

2019년은 우리 부부가 만난지 33년이 된다. 13년의 연애를 거쳐 결혼한지도 벌써 만 20년이 되었다. 때로는 부부 합계 6개의 직장을 동시에 다닐 만큼, 두아이를 키우며 열심히 살아왔다. 어느덧 아이들도 자라 부모의 품을 떠나 자신의 세계로 달려갈 준비를 하고 있다. 내가 거북이 태몽(胎夢)을 꾸었던 큰 딸 유진이는 어릴 때부터 가졌던 비행기 조종사의 꿈을 이루기 위해 미국 주립대 항공조종학과에 입학했다. 엄마의 열정을 꼭 닮은 둘째 딸 경진이는 중2 때 이미 실내건축기능사 자격증을 취득할 만큼 건축매니아이면서 그림을 무던히도 사랑하는 숙녀로 성장하고 있다.

어린 시절 호롱불이 놓인 책상에 앉아 공부하던 나를 말없이 지켜보며 쓰다듬어 주시던 아버지의 사랑이 새삼 그리워지는 오늘, 자신의 세계를 향해 달려가는 두 아이의 열정어린 뒷모습을 따뜻하게 바라볼 수 있음은 '나와 아내'가 부끄럼없이 걸어온 행복의 산물이자 함께 손을 잡고 걸어가는 가족사랑의 책임과 의무의 큰 길이 아닐까 생각한다.

함께 살아가야 하는 이유

나에게는 사촌형제가 18명이다. 한창 고시준비로 분주하던 1996년 1월경 큰집 형님이 불의의 사고로 돌아가셨다는 비보(悲報)가 날아들었다. 만사를 제치고 밀양으로 달려가니 이미 집안은 울음바다가 되어 있었다. 사촌형제들의 큰 슬픔 속에 장례를 치르고 나니 감기 몸살이 찾아왔다. 갑작스런 소식에 충격이 컸던 데다 장례를 치르면서 몸을 제대로 챙기지 못했던 탓이었다. 가벼운 감기몸살로 생각했는데, 어찌된 일인지 잘 낫지를 않고 점점 증세가 심해져 응급실로 실려가는 지경에 이르렀다. 담당의사는 "조금만 늦었으면 큰일 날 뻔 했다"고 하면서 급성신염이라고 했다. "완치될 때까지 시간이 걸리고, 충분한 휴식이 필요하니 절대 무리하지 말라"는 말도 덧붙였다. 나는 그길로 신림동 생활을 잠시 접고 고향집에 가서 휴식을 취하게 되었다.

어머니는 쇠약해진 큰아들의 회복을 위해 10개월 동안 지극정성을 다하셨다. 어머니의 정성어린 간호로 기력을 회복하는 동안, 신기한 일도 있었다. 여름이 끝나갈 즈음 어머니는 고향 뒷산에 약초를 캐러 가셨는데, 지나가던 스님이 "큰 아들이 지금 긴 터널을 지나가고 있는데, 12월초가 되면 빠져나올 테니까 너무 걱정마라"고 말하고는 사라졌다는 것이다. 어머니로부터 전해들은 스님의 말씀을 대수롭지 않게 생각한 나는 입원과 퇴원을 반복하는 고달픈 시간을 보냈다. 겨울에 온 병이 봄과 여름이 지나도록 좀처럼 차도를 보이지 않았다. 그러던 병세가 12월에 들어서자 거짓말처럼 정상으로 돌아섰다. 산길을 지나며 던진 스님의 말씀처럼 12월초에 나는 거짓말처럼 건강한 상태로 회복되었다.

부산에 있는 대학병원에서 조직검사를 받고 입원과 퇴원을 반복하던 답답한 시절, 마침 병원 앞에 사시던 사촌형님의 보살핌은 지금도 잊을 수 없다. 아픈 사촌동생을 위해 죽을 쑤어다 주었고, 밤낮으로 병원을 찾아 간호를 아끼지 않았다. 젊은 나이에 예기치 않은 병으로 고생하는 사촌동생을 위해 최선을 다했던 것이다. 그런 사촌형님도 직장암 투병생활로 무척이나 고생했다. 다행스럽게도 직장암 3기의 위중한 상황을 잘 극복해서 지금은 사실상 완쾌된 생활을 하고 있다. 이렇듯 18명의 사촌형제들의 우애도 남다르다. "사촌이 논을 사면 배 아프다"는 못된 속담을 비웃기라도 하듯 집안 대소사에서도 남다른 우애로 서로 보듬고 격려하며 열심히 살고 있다.

도시화로 시골마을의 정취와 끈끈한 인정(人情)은 하나씩 사라졌지만, 아직도 밀양에서 초등학교와 중학교를 함께 생활했던 선후배들과의 유대는 세월이 흐를수록 더 진한 우정과 믿음으로 이어지고 있다. 중학교 시절의 선후배들과는 '강촌향우회'를 만들어 모임을 가지고 고향발전에 대한 고민을 함께 나누기도 한다. 1981년에 만든 향우회는 어느덧 38년이 되었다. 끈끈한 형제애 이상으로 서로 아꼈던 향우회에도 아픔은 있었다. 2007년경 모처럼 고향에 모였던 강촌향우회 멤버들이 물고기 잡이를 위해 강으로 이동하던 중 차가 뒤집혀 4명의 선배들이 불귀(不歸)의 객이 되고 말았다. 누구보다 고향을 사랑하고 우의가 깊었던 선배들의 죽음은 큰 슬픔과 충격을 주었다. 시간이 흘러도 주체할 수 없는 마음에 밀양 수산의 낙동강변에 나무 네그루를 심어놓고 매년 추석 때면 조용히 찾아가곤 한다.

나는 고향 밀양과 마산, 서울로 이어지는 삶을 살면서 많은 인연을 만났다. 슬프고 아픈 기억보다 따뜻한 우정과 믿음, 그리고 때로는 심장이 떨리는 사랑의 힘을 느낀 날이 더 많았다고 생각한다. 부모형제와 아내 그리고 사랑하는 아이들이 함께하고, 지금까지 살면서 만났던 소중한 인연들이 만들어준 '행복(幸福)'에 몸을 맡겼던 행운아였다. 소중한 가족과 인연들이 함께 만들어가는 화음(和音)이 앞으로도 서로에게 진실되게 전달될 수 있기를 두 손 모아 기원한다.

"나는 전원(田園)을 너희에게 남겨줄 수 있을
만한 벼슬은 하지 않았다.
다만 오직 두 글자의 신부(神符)가 있어서 삶을 넉넉히 하고
가난을 구제할 수 있기에 이제 너희에게 주니,
너희는 소홀히 여기지 말라.

한 글자는 '근(勤)'이고 또 한 글자는 '검(儉)'이다.
이 두 글자는 좋은 전답이나 비옥한 토지보다도 나은 것이니
평생 동안 써도 다 쓰지 못할 것이다."

　　　　　－ 다산(茶山)이 두 아들에게 보낸 편지에서 －

孝弟爲行仁之本

然嘗攷其父母友其

昆弟者世鮮有之

不足爲敦行唯伯妹

父視昆弟之子猶己

子昆弟之子視伯妹

하피첩 (보물 제1683-2호 문화재청)

초당에서 백련사 넘어가는 오솔길

4. 수기치인(修己治人)의 길

생각은 맑게 하되 맑지 않으면 더욱 맑게 하고,

용모는 단정히 하되 단정치 않으면 더욱 엄숙케 하고,

말은 요점만 말하되 요점이 전달되지 않으면 더욱 잔말을 줄이고,

행동을 무겁게 하되 무겁지 않으면 더욱 중후하게 하라.

— 다산(茶山)의 사의재(四宜齋, 지켜야할 네가지) —

추운 겨울을 견딘 봄 향기가 코끝을 스치던 4월경 나는 전남 강
진의 다산초당으로 가는 계단을 오르고 있었다. 다산(茶山)이 해
배(解配)된지 200년이 흘렀지만, 푸르른 솔 내음과 흐르는 물소리
가 아름다운 초당(草堂)은 아직도 청아한 다산(茶山)의 꿈을 함께
꾸고 있었다. 비록 다산(茶山)이 머물렀던 작은 초가집은 사라지고

다산초당

지금은 기와로 복원된 아쉬움이 있었지만, 유배지에 도착해 "이제
야 공부할 수 있는 여가를 얻었다(今得暇矣)"는 선생의 넉넉한 마
음이 느껴지는 듯 했다.

　총 18년의 유배생활 중 11년간을 보낸 다산초당(茶山草堂)에서
선생은 500여권의 저서를 집필하면서 방대한 실학체계의 대부분을
구상하고 정리하였다. 다산사상(茶山思想)의 정수가 담긴 1표2서
(경세유표, 목민심서, 흠흠신서) 중 '가장 다산(茶山)다운' 면모를

목민심서(1902, 광문사 간행, 다산 박물관 소장)

보여주는 것은 단연 '목민심서(牧民心書)'이다. 총 12부 72조로 구성된 목민심서는 '임지에 도착하기(赴任)'을 쓴 1부에서 '관직에서 물러나기(解官)'을 다룬 12부까지 공직자의 자세와 마음가짐을 세세하고 구체적으로 쓰고 있다. 다산(茶山)의 공렴사상(公廉思想)이 담긴 '19세기 공직윤리강령'이었던 셈이다.

19세기초 조선의 정치질서가 무너지고 세도정치(勢道政治)의 틈새를 파고든 삼정(三政, 조세·군역·환곡)의 문란으로 탐관오리들의 분탕질은 극에 달하고 있었다. 다산은 "오늘날 목민관들은 오직 거두어들이는 데만 급급하고 백성을 부양할 의무를 알지 못한다"고 탄식했다. '목민심서'는 탐관오리들의 부정부패 통로를 가로막고, '공(公)을 위해 온갖 장치를 마련하고 염(廉)한 공직자만 대접을 받을 수 있다'는 다산(茶山)의 공렴사상(公廉思想)이 고스란히 담겨 있다. 단순히 학자의 생각만 담긴 것이 아니라, 유배를 떠나기 전에 조선의 개혁왕 정조(正祖)를 도왔던 공직의 경험이 배여 있다. 임금을 도와 개혁의 중심에 서던 공직자에서 유배를 떠나는 죄인으로 전락하였던 '산전수전(山戰水戰) 개혁가'의 수기치인(修己治人)을 혼신의 힘으로 담아냈던 것이다.

촉촉한 봄비가 처마를 적시던 다산초당(茶山草堂)을 등지고 백련사(白蓮寺)로 이어지는 오솔길로 내려섰다. 다산(茶山)과 백련사 혜장(惠藏)선사와의 도타운 정이 담긴 멋스러운 숲길이었다. 서로의 처소를 오가며 나눈 두 사람의 우정은 비에 젖은 동백꽃잎의 짙은 초록빛처럼 푸르름 그 자체였으리라. 밤이면 밤마다 밀양 산사(山寺)의 스님네들과 학문적 교분(交分)을 나누었던 아버지의 모습이 불현 듯 떠오르는 건 나만의 감상이었을까? 두 아이의 아버지가 되고 나이를 먹을수록 아버지의 목침(木枕)을 그리워하고, 고된 농사를 하면서도 음풍농월(吟風弄月)하던 아버지의 읊조림에 기대

천년고찰 강진 만덕산 백련사

고 싶은 마음은 해가 갈수록 더해간다.

쓸쓸한 유배지마저도 조선후기 개혁사상의 산실(産室)로 만들어

버린 다산(茶山)의 열정과 기개를 뿜어내는 다산초당(茶山草堂)이

자리한 만덕산 산자락이 멀어질 때쯤, 나는 이런저런 상념(想念)을

벗어나 낯익은 도시의 풍경 속으로 성큼 들어서고 있었다.

고등고시로 겪은 두번의 실패는 '목적지를 찾지 못해 표류하는' 깊은 좌절감을 안기기도 했지만, 돌이켜보면 '더 넓은 세상을 향해 긴 터널을 지나가는' 과정이기도 했다. 연이은 고시실패는 나를 전혀 다른 길로 이끌었고, 그 길은 나에게 새로운 비상(飛上)을 위한 든든한 활주로가 되어 주었다.

어려운 경제형편과 연로하신 부모님 생각에 더 이상 고시에 연연할 수 없었던 나는 행정고시 시험과목과 비슷한 정당사무처 공채에 응시했다. 결과는 합격이었다. 그렇게 시작한 한나라당 중앙당 사무처는 일과 사람에 대한 욕심이 많았던 나에게 열정의 오아시스나 다름없었다. 정당사무처는 일반적인 민간기업보다 업무강도가 상당히 높았고, 정책·법률·조직·기획·홍보 등 다양한 분야에 대한 전문성을 중심으로 일인다역의 역량을 요구하는 곳이었다.

중앙당 사무처 생활은 나에게 새로운 환경과 동기를 제공했고, 지금까지 내 삶에서 중요한 자극제가 되었다. 정신없이 바쁜 일정 속에서도 나는 다양한 분야의 전문가들과 넓은 교분을 가질 수 있었고, 이러한 교류는 '이론에 갇힌 정책'이 아닌 정책현장의 생생한 체험을 체득할 수 있는 큰 기회가 되었다. 특히 '정당정치의 꽃'이라는 선거는 정책과 이슈 그리고 사람이 서로 뒤엉켜 돌아가는 용광로였고, 나는 그 용광로를 통해 더욱 단단한 강철로 변화하고 있었다.

그러나 국회의원 총선거와 지방선거에서 압승을 거듭하던 한나라당이 정작 2002년 대통령 선거에서 이회창 당총재가 노무현 후보에게 석패하면서 나에게도 변화가 예고되었다. 대선 패배 이후 중앙당은 지도부의 총사퇴로 혼란에 빠졌고, 중앙당사를 천막으로 옮기는 환골탈태의 고통스러운 과정을 거치고 있었다. 그 과정에서 사무처 인력감축이 거론되면서 나를 비롯한 사무처 당직자들은 미래를 알 수 없는 안개 속으로 들어가고 있었다. 한 순간에 실직자로 내려앉을 수도 있는 심란한 분위기였다. 나는 "동료들과 자리를 두고 경쟁해야 한다면 내가 먼저 양보하겠다"는 결심을 일찌감치 하고 있었다. 그리고 그것은 곧바로 현실로 다가왔다.

어수선한 중앙당 사무처 분위기로 심란하던 중, 훗날 국회의장이 된 정의화 의원으로부터 보좌관 제의가 들어왔다. 당시 정의화 의원은 패기 넘치는 재선(再選)의원이었다. 부산 중·동구를 지역구로 한 정 의원은 신경외과 전문의(專門醫) 출신으로 대화와 타협, 중도합리의 정치철학을 가진 주목받는 정치인이었다. 나로서는 마다할 이유가 없었다. 보좌관 자리에 연연한 것은 아니었으나, 의정활동에 대한 경험은 정당사무처 시스템과는 다른 값진 경험이 될 것이라 생각했다. 나는 한나라당의 위기 속에서 정의화 의원과 소중한 인연을 맺게 되는 행운을 누렸던 것이다.

정의화 의원은 소통과 대화를 중요하게 여기는 국회의원답게 국회에서 다양한 활동과 함께 넓은 인맥을 가지고 있었다. 이는 정의원을 보좌하는 나에게도 뜻깊은 배움이 되었고 멋진 경험의 계기가 되었다. 특히 경제분야 상임위원회에서 주로 활동했던 덕분에 나는 금융을 비롯한 경제정책 분야에 대한 전문성을 쌓을 수 있었다. 재정경제위원회 간사와 위원장을 하는 의원을 제대로 보좌하기 위해서는 경제공부를 게을리 할 수 없었기 때문이다. 이때의 경험은 경제금융전문가로 활동하고 성장하는 전환점이 되어 주었다. 지금도 나는 정의화 의원과의 인연을 소중하게 생각한다. 그리고 보좌진들에게 항상 열정을 주고 배려를 아끼지 않았던 정의화 국회의장에게 감사를 드린다.

황금 같은 장관정책보좌관의 경험

2007년 대통령선거가 끝나고, 정의화 의원은 이듬해 총선에서 4선으로 당선되었다. 남다른 열정으로 다지고 달렸던 지역구의 당연한 선택이었다. 이때 나는 국회를 벗어나 새로운 길을 모색하고 싶었다. 정의화 의원과의 인연도 소중했지만, 정당과 국회에서의 경험과 활동이 자양분이 되는 새로운 전환점이 필요했다. 그런 고민 속에서 기회는 빠르게 다가왔다. 2008년 4월 나는 기획재정부 장관 정책보좌관으로 임명받아 정부청사로 자리를 옮겼다.

　외무고시·행정고시 실패로 이룰 수 없었던 공직자의 꿈을 이루는 순간이었다. 장관정책보좌관은 장관의 정무참모로서 주로 장관의 국회활동을 지원하는 역할을 한다. 당시 강만수 기획재정부 장관은 이명박 정부의 출범과 함께 실세 장관으로 자리를 굳히고, 새 정부의 경제정책의 방향과 재정집행에 상당한 의욕을 가지고 있었다. 그러나 이명박 정부 초기부터 불어닥친 이른바 '광우병 파동'으로 퇴진 위기에 몰려야 했다. 이명박 정부의 경제정책을 입안하고, '리먼 브라더스 사태'로 위기에 처했던 한국경제에 든든한 버팀목을 자처했던 강만수 장관은 1년을 못 넘기고 퇴임하고 말았다.

　강만수 장관의 후임으로 윤증현 장관이 임명되었다. 장관정책보좌관은 통상 장관의 퇴임과 함께 물러나는 게 관례였지만, 나는 나름 평가가 괜찮았는지 운좋게도 윤증현 장관까지 보좌하는 행운을 얻게 되었다. 당시 윤증현 장관은 '따거(형님)'라는 별명이 붙을 만큼 후배공직자로부터 큰 존경과 신뢰를 받고 있었다. 나 역시도 "언젠가 기회가 된다면 꼭 한번 모셔보고 싶다"는 생각을 가지고 있었기 때문에 주저할 이유가 없었다.

나는 윤증현 장관에게 매주 부처현안과 국회상황을 리포트로 정리해 빠짐없이 보고했다. 윤 장관은 어떤 보고서이든 세심하게 살펴보는 스타일이었기 때문에 보고서 작성이 여간 고되고 힘든 일이 아니었다. 그러나 정부부처의 시각에서 국회를 살펴서 정리하고, 현안과 정책정보를 취합하는 과정은 나에게 한층 더 넓은 시야와 황금 같은 경험을 가져다 주었다. 윤증현 장관은 오랜 공직생활에도 불구하고, 부하직원들의 소소한 의견까지도 놓치지 않고 경청하는 따뜻한 분이었다. 당시 윤증현 장관의 모습은 정부부처의 정점에 선 위치였음에도 권위보다는 '소박하면서 가슴 뜨거운 공직자'의 표본이었다.

나는 10년이 지난 지금까지도 윤증현 장관을 자주 뵙는다. 공직에 있을 때나 물러나 있는 지금까지도 변함없는 소탈한 모습을 대할 때면, 정책보좌관의 보고를 가감없이 경청하던 윤증현 장관의 모습이 그리울 때가 있다. 아직도 왕성한 활동으로 많은 공직자의 귀감이 되고 있는 윤증현 장관이 더욱 건강한 모습으로 우리 곁에 버팀목이 되어 주시기를 기원해 본다.

G20 재무장관회의 실무지원단 스코틀랜드 2009.

경제금융전문가로의 길

나는 2011년 2월경 경제금융정책의 최고 집행부처인 기획재정부를 떠나 금융투자협회로 자리를 옮겼다. 국회 재정경제위원회와 기획재정부를 거쳐 경제금융의 현장으로 성큼 다가선 것이다. 금융투자협회(KOFIA)는 2009년 자본시장통합법의 시행에 따라 증권업협회와 자산운용협회, 선물협회가 통합된 국내 최대의 금융단체였다. 금융기관 상호간 업무질서를 유지하고, 공정한 거래를 통해 투자자를 보호하여 금융투자업의 신뢰도를 높이기 위해 설립된 자율규제기관이었다. 나는 금융투자협회 대외협력실장과 부산지회장을 맡아 금융전문가로서의 첫발을 내디뎠다.

부산은 2009년부터 서울 여의도와 함께 금융중심지로 선정되어 금융권과 정치권으로부터 많은 관심을 받고 있었다. 나는 부산지회장을 맡으면서 탄소배출권 등 녹색파생상품에 대한 업무를 지원했고, 부산·울산·경남 등 동남권지역의 금융전문인력 양성을 위한 전문교육도 실시했다. 특히 지역 학계와 시민사회단체의 의견을 경청하고 반영하기 위해 동분서주했다. 또한 지회장 부임 당시 4명에 불과하던 근무인력을 11명으로 늘리는 과정에서 지역인재 채용에도 각별한 신경을 썼다. 지역 증권사 본부장과 금융관련기관장 회의를 주재하면서 부산지역 유관단체는 물론 정관계 인사와도 교류를 꾸준히 확대했다. 이 과정에서 부산은 금융중심지로 자리매김되었고, 나는 지금도 금융투자협회 부산지회장으로 활동했던 그 때를 큰 보람으로 생각한다.

대외협력실장과 부산지회장으로 정신없이 바쁜 시간을 보내고 있을 때, 금융투자협회는 10년에 걸친 황건호 회장 시대가 끝나고 박종수 회장체제로 바뀌고 있었다. 회장체제의 변화는 금융투자협회에 새로운 변화의 몸부림을 불렀고, 그런 뒤숭숭한 분위기는 임원진에 대한 대규모 교체로 이어졌다. 나는 사실상 임기가 얼마 남지 않았던 상황이라, 어쩔 수 없이 교체 명단에 포함되었다. 부산지회장을 하면서 이런저런 사업을 의욕적으로 벌여놓았던 상황에서 아쉬움이 컸지만, 새로운 지회장을 통해 더 큰 도약이 이뤄지기를 기원할 수밖에 없었다. 2년의 금융투자협회 업무는 경제금융 실무현장을 제대로 경험할 수 있었던 값진 시간이었다.

금융투자협회의 대문을 나선 이후, 나는 곧바로 한국IR협의회 전문위원으로 활동했다. 한국IR협의회는 기업의 상장(上場)활동을 지원하고 상장기업의 IR(기업설명회)을 도와주는 자본시장 유관기관이다. 상장기업의 기술분석 보고서를 발간하고, 관련 전문가 인증사업·양성교육·연수사업 등 다양한 업무를 하는 곳이다.

2007년경 자본시장 통합법을 제정하던 당시 함께 활동하며 만났던 인연들이 금융투자협회(KOFIA)을 거쳐 한국IR협의회(KIRS)로도 이어졌다. 경제금융분야는 다른 영역과 달리 상당히 많은 시스템과 인재들이 북적이는 곳이다. 나는 경제금융분야의 수많은 전문가와 인재들을 만나면서 '인연의 소중함'을 새삼 느낄 수 있었다. 한번의 만남이 단순한 일회성 업무관계로 끝나는 것이 아니라, 신뢰와 협력이라는 평생자산을 만들어가는 귀중한 인연이라는 것을 알게 되었다.

경제금융전문가로서의 나의 활동에는 항상 '사람(人)'이 먼저였다.

난(蘭) 배달부 청와대 행정관

한국IR협의회 전문위원으로 활동하던 2013년 3월경 청와대로부터 연락이 왔다. 대통령비서실에서 "이력서를 제출하라"는 전화였다. 국회의원 보좌관과 장관정책보좌관을 거치면서 '대한민국 정책의 심장부'인 청와대 근무에 대한 욕심을 가져 보기도 했지만, 좀처럼 기회를 얻지 못했었다. 나로서는 마다할 이유가 없어 곧바로 이력서를 제출했다. 까다롭기로 유명한 청와대 인사검증을 별탈 없이 통과하고 청와대 생활을 시작하게 되었다. 나중에 들은 바로는 '정당 사무처와 국회의원 보좌관을 거치면서 정무 감각을 갖추었고, 장관정책보좌관을 흠결없이 잘 마무리했다'는 점이 높은 평가를 받았다고 한다.

느닷없이 다가온 청와대 행정관 생활은 보람되면서도 쳇바퀴 도는 반복의 일상이었다. 새벽에 일어나 출근하는 고된 일과는 둘째치고 사무실 하나에 40여명에 이르는 사람들이 북적이며 일해야 하는 근무 환경은 열악한 편이었다. 청와대 자체가 오래된 건물인데다, 관련 예산에 대한 야당의 견제로 변변한 건물보수도 제대로 하지 못하는 '공직환경의 사각지대'나 다름 없었다. 게다가 외출은 물론 산책마저 편하게 할 수 없는 보안구역인지라 주어진 업무를 수행하는데도 빡빡한 시간의 연속이었다. 그런 환경에서 '탁구'는 유일한 탈출구였다. 일과가 끝나면 체육관 탁구장으로 달려가 동료들과 탁구를 즐기는 시간만큼은 자유롭고 즐거운 시간이었다.

나는 정무수석실에서 국회담당으로 근무했다. 실시간으로 국회 현안을 정리하여 보고하고, 청와대를 감사(監査)하는 국회운영위원회가 열릴 때면 실무진으로 국회를 이리저리 뛰어다니곤 했다. 한편으론 전직 대통령과 영부인을 비롯한 주요 인사들의 생일날이면, 난(蘭)을 들고 전달하는 배달부 역할도 했다. 정형적인 업무에 매이지 않고, 상도동·동교동·연희동·봉하마을까지 난(蘭)을 들고 전직 대통령과 영부인을 찾아가는 일은 또 다른 재미였고 즐거움이었다. 특이한 것은 전직 대통령 대부분이 추운 겨울에 태어났다는 점인데, 혹한을 이기고 강하게 태어나서 권력을 잡은 것은 아닐까 추측해본다.

이렇게 난(蘭) 배달 행정관인 나는 전직 대통령과 인연이 있었다. 청와대 근무 당시 모셨던 박근혜 전대통령은 사무처 당직자로 근무할 당시 공채 동기생들과 함께 식사를 한 적이 있었다. 2010년 가을 과천청사에서 기재위 국감때 청사에 오신 박 전대표가 내가 있던 사무실을 방문해 대화를 나눈 일도 있다. 이명박 전대통령은 2004년 서울시장으로 참석한 서울시립대 박사학위수여식에서 처음 얼굴을 보았다.

서울시립대 박사학위 수여식 (2004), 뒷줄 오른쪽 넷째

　전두환 전대통령은 두 번 직접 마주앉을 기회가 있었다. 대학 시절 타도의 대상이었던 '독재자'의 모습보다 돌아가신 아버지와 비슷한 연배에서 오는 친근함을 느끼기도 했다. 그리고 김영삼 전 대통령은 내가 요청한 '한국티볼협회 총재'를 흔쾌히 수락하고 직접 야구장을 찾아 시타도 할 만큼 다정다감한 면모를 보였던 기억이 난다. 대학생 기자로 만났던 김대중 전대통령은 상당히 박학다식(博學多識)하셨지만 시종 차분한 분위기로 경청하는 분이었고, 노무현 전대통령은 돌아가신 후에 권양숙 여사의 생일에 난(蘭)을 들고 내 고향과 지척인 봉하마을을 찾아갔던 기억이 있다.

티볼대회 참석한 김영삼 대통령 (2008), 뒷줄 오른쪽 다섯째

　전직 대통령을 떠올릴 때마다, '권력무상(勸力無常)'이라는 말보다 권력에서 떠난 후에 소탈하고 편안한 모습이 먼저 떠오른다. 권력(勸力)은 누구나 갖고 싶어 하는 요술방망이 같은 것이지만, 내려 놓고나면 '텅빈 마음의 평화'를 가지게 하는 무거운 짐이 아니었을까 싶다.

　국회와 청와대를 오가는 생활 속에서 간간히 난(蘭) 향기를 가슴에 품고 전직 대통령과 영부인을 찾아가는 부업을 하는 동안, 늘지 않는 탁구실력을 뒤로 한 채 나는 청와대 연풍문을 나서게 되었다.

청와대 본관 앞, 2014

미완으로 끝난 도전, 과천시장 출마

2014년 2월경 나는 청와대에 사직서를 내고 과천시장 선거에 뛰어들었다. 항상 마음 깊이 준비했던 선거였지만, 시작부터 만만하지 않았다. 아내도 다니던 직장을 휴직하고 후보인 나보다 더 열심히 뛰었다. 2014년 당시에는 새정부에 대한 국민의 기대가 높았던 때라 과천지역 유권자 분위기도 좋았다. 과천지역에서 큰 영향력이 있는 분이 개인적인 연고로 선거책임을 맡았고, 살면서 만났던 수많은 인연들이 자기 일처럼 밤낮을 가리지 않고 선거를 도와주었다. 마치 당선을 앞둔 분위기였다.

선거출마자들의 통과의례나 다름없었던 출판기념회도 열었다. 나의 저서 『대한민국 위기경영』 출판기념회에는 윤증현 前기획재정부장관을 비롯한 정관계 인사들이 대거 참석해 예상치 못한 성황을 이루었다. 지역유지들과 선후배들의 헌신적인 도움으로 선거를 준비하고, 출판기념회까지 성황리에 마쳐 나에 대한 과천 유권자들의 마음이 모였다고 생각할 즈음에 예기치 않던 일이 터졌다. "과천이 여성 전략공천지역이 될 것 같다"는 연락이었다. 연락이 있기 전날부터 여성후보들이 공천확대를 주장하며 중앙당에서 집회를 가졌는데, 늦은 밤 최고위원회의에서 비공개로 결정해버렸다는 것이었다. 나의 석사학위 논문이 '여성의 적극적 우대조치'에 대한 내용이었는데, 그런 우대조치로 인해 나의 첫 선거출마가 나락으로 떨어질 상황이 되었던 것이다.

당시 6명의 남성후보들과 함께 중앙당 대표실과 경기도당을 찾아다니면서 부당함에 대한 항의도 하고 재심을 요청했지만, 과천지역은 '여성 전략공천지역'으로 확정되어 버렸다. 당직자 출신으로 당의 결정을 받아들이고 수용할 수밖에 없었다. 더구나 전략공천이 되었던 여성후보는 중앙당 사무처 선배였던지라 나 자신의 고집을 부리기에는 인간적으로도 힘든 점이 많았다. 나는 사심없이 당의 결정을 받아들이고 지방선거 승리를 위해 열심히 도왔다.

아내의 지원과 선후배들의 헌신으로 달려든 선거였기에 아픔은 이루 말할 수 없이 컸다. 먼 길을 마다않고 달려와 자비로 숙식하면서 과천지역을 달구어 주었던 많은 고마운 분들 앞에 얼굴을 들 수가 없었다. 오히려 "정치가 원래 이런 것이니, 이번 선거를 더 큰 성장의 기회로 만들면 된다"는 위로에 고마움보다 주체할 수 없는 미안함이 들었다. 그렇지만, 나는 빨리 마음을 추스르고 중심을 잡아야 했다. 어차피 평탄한 성공가도만 달린 삶이 아니었기에 흔들리는 나 자신의 중심을 잡는데 긴 시간이 필요하지 않았다.

"세상에 태어나 큰 뜻을 둔 사람은 한때의 좌절로 뜻을 접어서는 안된다. 언제나 한 마리의 새가 하늘을 박차 오르는 기상이 있어야 한다"

다시 찾은 금융 현장과 자원봉사

과천시장 출마를 접고 선거사무실을 정리하고 난 후, 나는 백수 생활의 힘든 시간을 보내야 했다. 그 와중에 세월호사고가 터졌고, 하루종일 사건의 참상을 전하는 뉴스 때문에 한동안 TV를 볼 엄두가 나지 않았다. 선거로 인한 아픔도 아픔이었지만, 어린 학생들의 허망한 죽음은 나를 더 아프게 했다.

그렇게 속절없이 보낸 6개월의 백수생활에 종지부를 찍는 일이 일어났다. 한국거래소(KRX) 전문위원으로 위촉된 것이다. 금융투자협회(KOFIA)와 한국IR협의회 전문위원을 지낸 경력을 인정받아 2년 임기의 한국거래소 생활이 시작되었다. 한국거래소는 한 푼의 정부지분도 없이 OECD 국가 중에서 유일하게 정부 공공기관으로 지정된 주식회사였지만, 공공기관의 멍에를 벗어야 한다는 명분이 국회와 언론의 공감을 얻어 2015년 1월경 공공기관 지정으로 벗어날 수 있었다.

나는 한국거래소 전문위원으로 바쁘게 보내던 시간에도 사회봉사를 게을리 하지 않았다. 나는 2015년부터 '선덕원'이라는 아동 양육시설의 공익이사를 맡고 있다. 지금까지 5년째 가족들과 함께 꾸준히 봉사활동을 이어오고 있다. 서울에 있는 선덕원에 대한 자원봉사와 함께 지방에 있는 여성인권지원센터에 대한 관심도 놓치지 않았다. 여성인권지원센터는 내 딸과 비슷한 또래의 아이들이 겪는 불우한 환경을 살피고 지원하는 곳이었다. 그곳 센터가 운영하는 '헤아림'이라는 쉼터는 다양한 활동을 통해 불우한 아이들을 따뜻하게 보살피고 있었다.

어느날 이사장에게 "무엇을 도와드리면 좋겠습니까?"라고 물었더니, "시골에 있는 우리 아이들 서울구경 좀 시켜달라"는 답변이 돌아왔다. 나는 같이 근무하는 상무와 상의를 했고, 그 분의 적극적인 협조로 '꼬마숙녀들, 1박 2일 서울나들이'를 기획하고 준비하였다. 용인 에버랜드 나들이와 함께 남산케이블카, KBS, KRX, 국회, 청와대 등 다양한 코스를 설정하여 가이드를 자처하

서울방문행사의 즐거운 시간 (2015)

고 동행하면서 잊지 못할 추억을 만들 수 있었다. 특히 내가 다니던 한국거래소에 들러 '꼬마숙녀들'에게 주식매매시장에 대해 설명을 할 때는, 지금까지 숱하게 다녔던 그 어떤 경제금융 강의보다 유익하고 값진 시간이었다.

1박 2일의 여정을 마치고 시골로 돌아가는 '꼬마숙녀들'과 헤어질 때는 눈물을 흘리는 아이들이 눈에 밟혀 버스가 떠난 한참동안에도 자리를 뜰 수가 없었다. 그렇게 아이들과 보낸 그해 봄은 내 인생의 봄날 중 가장 행복한 시간이었다.

남북의료협력재단 초대 사무처장으로 평양을 비롯한 북한 전역을 누비고 다닌 일들, 한국여자야구연맹을 만들기 위해 노심초사하던 시간들 등 나는 이런저런 다양한 사회활동에도 시간을 아끼지 않았다. '돈의 논리'가 우선하는 경제금융의 현장을 다니면서, 어쩌면 사회활동과 자원봉사를 통해 '공존과 조화'라는 가치를 스스로에게 끊임없이 자극하는 역설을 즐기고 있었는지도 모르겠다. 그게 진정한 행복이라고 생각한다.

길 위에서 본 행복

인간에게 필요한 생리학적 에너지는 하루 약 2,500칼로리라고 한다. 전기로 치면 60와트 백열전등 2개를 작동시키는 양이다. 인간은 이런 에너지를 통해 자신의 오늘을 만들고 인생을 꾸려간다. 우리 사회의 에너지 총량은 도대체 얼마나 될까? 아마 상상하기 힘든 엄청난 에너지들이 부딪치기도 하고, 때로는 화합하고 융합하기도 한다. 특히나 요즘처럼 첨예한 사회적 갈등의 이면에서 소모되는 에너지는 더 말할 필요가 없을 것이다.

터키의 종교사상가 사이드 누르시는 "이슬을 꿀벌이 마시면 꿀이 되지만, 뱀이 삼키면 독이 된다"고 했다. 세상의 무엇이든 어떻게 생각하고 행동하느냐에 따라 꿀이 될 수 있고, 독이 될 수도 있다는 말이다. 우리가 진정으로 대면하고 넘어야 할 현실의 장벽은 무엇인가를 생각하게 된다. 사회에는 다양한 의견이 존재하기 마련이고, 그 의견들이 충돌을 일으켜 혼란이 생기기도 한다. 특히 불확실한 미래를 걱정하는 사람들에게 '진정으로 다가서는' 메시지를 던지지 못하는 정치라면 문제는 더욱 심각해진다. 오죽하면 '진정한 평화는 정치인이 없는 세상 다음'이라는 말이 나오겠는가. 그러나 우리는 함께 공존하며 조화하려는 노력을 아끼지 말아야 한다. 우리가 대면하는 현실의 장벽은 바로 우리 자신이기 때문이다.

나는 지금 길 위에 서 있다. 스쳐가는 사람들의 무심한 얼굴을 볼 때마다, "저 사람들은 무엇을 위해 살고 있을까?"라는 생각이 들 때가 많다. 물론 이 물음은 나 자신에게 던지는 자문(自問)이기도 하다. 밀양의 촌놈으로 태어나 창원을 거쳐 서울로 이어온 삶의 흔적들을 정리하면서, 때로는 추억어린 웃음이 입가에 머물렀고 때로는 슬픔과 부끄러움이 가슴을 두드리기도 했다. 오히려 "난 순간순간 최선을 다해 살면서 달려왔다"는 문장으로 끝내기에는 모자람과 부끄러움이 더 앞서는지도 모르겠다.

진정 나는 무엇을 위해 뛰고 달렸을까? 가진 것 없이 가난했던 삶에서 "위함"이 가치였다면, 이제는 "향함"이 중심이 되어야 하지 않을까? "나는 무엇을 향해 살아야 할까". 그것은 "행복"이었고, "행복"이어야 한다. 이제 나는 "행복을 향해"가는 여정의 시작을 주저하지 않겠다. 행복은 '조건없는 나눔'이고 '전염성이 강한 기쁨'이라고 생각한다. 나의 행복을 사랑하는 가족은 물론 더 많은 사람들과 나누는 일을 주저하지 않을 것이다.

결코 행복했다고 할 수 없는 다산(茶山)의 삶이었지만, 쓸쓸한 유배지의 초당(草堂)을 묵향(墨香)으로 가득 채웠던 열정은 오늘 우리에게 값진 성찰과 행복의 자산으로 이어져 오고 있지 않는가?

다산(茶山)의 글이 단순히 문화유산의 허울을 뒤집어쓴 글로만 받아들인다면 우리는 더없이 불행한 사회를 살겠지만, 살아있는 목소리로 가슴에 새긴다면 지금보다 훨씬 나은 행복한 사회를 '공존과 조화'로 살 수 있으리라.

나는 길 위에서 다산(茶山)의 미소를 떠올리고, 촌철의 음성을 가슴에 새기면서 한걸음 한걸음 내딛으며 걸어갈 것이다. 사랑하고 소중한 모든 인연들과 함께 행복을 향해 나의 작은 발자국을 보태며 걸어갈 것이다.

백련사 동백나무 숲 사색의 길

제 2 부

다산(茶山)과 함께 떠나는 행복여행

천일각에서 본 눈 내린 강진만

책으로 출간되어 베스트셀러가 되었던 '꾸베씨의 행복여행'이란 영화 포스터에는 이런 글귀가 있다. "당신에게 행복은 무엇입니까". 스스로에게 만족하지 못했던 정신과 의사인 주인공은 만나는 환자마다 던지는 '행복하지 않는 얘기'를 들으면서, "도대체 진정한 행복은 무엇일까"에 대한 대답을 찾기 위해 여행을 떠난다는 내용이다. 그 여행을 통해 주인공은 어떤 행복을 찾았을까?

사람은 행복한 생존을 목적으로 살아간다. 그러나 자신의 행복한 생존을 위한 몸부림이 때로는 피 말리는 경쟁(競爭)을 부르고, 심지어 격렬한 투쟁(鬪爭)을 일으킨다. 그리고 이는 서로를 향한 '분노 바이러스'를 확산시켜 행복은 고사하고 집단적인 저항과 갈등을 일으키는 악순환이 되기도 한다. 이런 악순환은 정치·경제·사회 등 모든 영역에서 우위를 상실한 사람들에게 절망감을 느끼게 한다.

지금 우리사회는 소득분배와 기회균등, 공정한 경쟁과 능력에 대한 보상을 둘러싼 자신의 환경이 악화되고 있다는 불안감에 시달리고 있다. "아무리 정직하고 성실하게 살아도 행복을 누리기는 어렵다"는 좌절감이 높아지고 있다. 이러한 불안감과 좌절감은 사회적 신뢰를 붕괴시키고, 개인은 물론 집단 간에 저항과 갈등을 발생시키고 있다. 우리사회의 행복지수(Better Life Index)는 OECD 국가 중 최하위를 기록할 만큼, '삶의 만족도'가 갈수록 떨어지고 있다.

1960년대 100달러에 불과하던 1인당 소득(GDP)이 오늘날 3만 달러를 넘어서는 '한강의 기적'을 창출했지만, 행복한 삶의 설계는 갈수록 힘들어지고 '국가와 사회는 기회를 제공하지 않는다'는 불만이 지속적으로 증가하고 있다. 심지어 개인과 집단이 제 살길을 찾아 천방지축으로 이로움만 좇는 욕망의 사회가 되어간다는 우려마저 나온다. 어떤 사회학자는 "한국은 절룩거리는 욕망의 사회"라고 질타한다. 지금의 삶을 매력적으로 받아들이지 않는 불행한 사람들이 늘어날수록 '교조적 독선주의'가 힘을 발휘하고, 공존(共存)과 조화로운 공생(共生)이라는 사회통합의 가치는 설 자리를 잃어간다. "나는 절망의 나라에서 살고 있다"는 '헬조선'의 자학적이고 품격없는 외침이 힘을 받는 이유도 여기에 있다.

생각을 바꾸면 희망이 보인다. 우리는 소모적인 대립과 분열을 통한 절망이 아니라, '함께 사는 이유'라는 공존의 가치를 나누며 희망의 문턱으로 들어서야 한다. 서로의 울타리를 높여가는 '단절과 불통'의 사일로(silo)식 이기주의를 벗어나 공생(共生)의 연대로 다가서는 사회적 책임을 높여야 한다. 자신의 가치만을 강제하지 않는 상식적이고 포용적인 자세가 미래를 향한 변화의 요체가 아닐까.

다산(茶山)은 유배지의 나락으로 떨어지는 상황에서도 가정의 행복과 공공의 행복을 위해 자신의 고민을 쏟으며 가진 역량을 다했다. 어쩌면 행복의 원리를 찾아 떠난 '꾸뻬씨의 행복여행'처럼, 유배지는 다산(茶山)에게 편견과 아집의 울타리를 넘어서 자신이 꿈꾸어온 이상향(理想鄕)을 향한 지적 여행의 출발지였는지도 모른다. 역적(逆賊)의 낙인은 고통스러운 실존의 문제였으나, 대범한 기상과 단련된 지혜는 600여권의 방대한 저술로 이어져 후세에 전하고 있는 것이다.

나는 다산(茶山)의 눈을 빌려 여행을 떠나고자 한다. 이 여행을 통해 관성적인 찬반(贊反)의 소모적인 구도로 갇혀버린 '근거없는 편견'의 동굴을 벗어나고 싶었다. 지금 우리가 겪고 있는 갈등과 균열의 원인을 진단하고 미로(迷路)처럼 얽힌 사회정치적 문제에 대한 지혜로운 해답에 이르는 길을 보고 싶었다.

나는 '우리 사회를 어떻게 바꿀 것인가'라는 거창한 해답을 원하지 않았다. 위기담론의 일상화로 혼란을 겪는 몇가지 문제들에 다가서는 과정에서 '이분법'과 '도그마'의 굴레에 빠지지 않는 정도(正道)를 찾고 싶었을 뿐이다. 미노타우로스의 미로(迷路)를 빠져

나간 테세우스의 실타래처럼, 나는 다산(茶山)의 지혜를 실타래 삼아 '갈등과 대립으로 얽힌 미로(迷路)'를 벗어나고 싶었던 것이다.

'다산(茶山)과 함께 떠나는 행복여행'은 결론의 종착지가 없는 현재진행형의 과정을 담고 있다. 온갖 주장과 정보가 쓰나미처럼 밀려들고 쏟아지는 상황에서 모든 주제에 대한 만능의 해답을 찾으려 애쓰지 않았다. 그저 다산(茶山)이라는 여행 가이드를 앞세워 '한적한 시골 역사(驛舍)'에 정차하는 기차 여행처럼 옆길과 샛길을 채워가는 유익한 여행이기를 바랬다. '행복여행'이라는 제목을 붙인 것은 '편한 마음으로 달리는 창가에 비치는 세상풍경'을 보듯 편견을 벗어난 여유로움을 원했기 때문이다.

사색하기 좋은 다산초당 마루

1. 첫 번째 정차역(停車驛),
민생제일주의(民生第一主義)

다산(茶山)은 오늘날 세계문화유산으로 지정된 '수원화성(水原華城)'을 축조하면서 당시 조선의 관행이었던 '노임(勞賃)없는 부역'의 폐단을 없앴다. 다산(茶山)의 개혁사상을 총애했던 정조(正祖)는 왕실재산인 '내탕금'을 내어 축조공사에 동원된 백성들의 노임을 지불했던 것이다. 이는 민생(民生)을 중시했던 다산(茶山)과 정조(正祖)의 합심이 만들어낸 혁신적인 프로젝트였다. "축조비용은 덜 들이고 백성을 고달프게 하지 않는다"는 다산(茶山)의 노력은 축조기술의 혁신적인 변화를 일으켰고, '일의 효율과 전문성을 살핀 노임제도'라는 당시로서는 상상하기 힘들었던 개혁조치를 실천할 수 있었다.

정조(正祖)가 승하한 날, 다산(茶山)은 "눈물이 홍수처럼 쏟아짐을 참지 못했고, 창경궁 홍화문 앞에서 가슴을 쥐어뜯고 목 놓아

울었다"고 한다. 다산(茶山)의 정신적 지주였던 '민생군주' 정조(正祖)의 죽음은 결국 역적(逆賊)으로 몰려 유배지로 떠나는 '억울한 인생'의 서막이 되었다. 그리고 백성과의 소통에서 단절로 돌아선 조선 후기사회는 극심한 세도정치(勢道政治)가 주는 궁핍과 억눌림의 질곡으로 고통 받아야 했다.

정조(正祖)의 총애로 개혁의 정점까지 올랐으나, 정조(正祖)가 세상을 떠난 뒤 정쟁(政爭)의 희생양으로 멀고 먼 유배지로 떠나야만 했던 다산(茶山)의 눈에 비친 세상은 어떤 모습이었을까. '나라는 가난에 찌들고 백성들은 굶주림에 허덕이건만, 나라의 궁핍을 돌아보지 않고 백성의 고단함을 살피지 않는' 목민관의 패악함을 통탄했던 다산(茶山)의 마음은 "정성을 다해 백성을 돌보고 지키는 목민관의 공렴(公廉)"을 강조하는 목민심서(牧民心書)의 바탕을 이루었다. 다산(茶山)의 목민심서는 "백성 한 사람이라도 그 혜택을 입기를 바라는 마음"이 담긴 애민(愛民)과 봉공(奉公)의 절절한 고백이었다.

당파(黨派)를 초월해 백성에게 다가서고자 했던 다산(茶山)의 공심(公心)은 신유옥사(辛酉獄事)의 혹독한 살육전으로 기나긴 형극의 가시밭길을 걸어야 했다. 그러나 "민생(民生)을 살피지 않는 당파싸움은 가장 패악의 정치"라고 질타했던 다산(茶山)의 외침은

21세기를 살아가는 오늘 우리에게 사문(死文)이 아닌 살아있는 경고문(警告文)으로 다가오고 있다.

나는 정치권과 권력층이 당파적 '좌우론(左右論)'을 확대재생산하고, 망국적인 패거리 의식으로 서로에 대한 증오와 분노를 자극하는 행태가 '민생(民生)'의 가장 큰 걸림돌로 생각한다. 극단적인 정치적 당파성은 정치에 대한 무관심과 혐오는 물론 국민의 삶과 직결된 문제들에 대한 철학의 빈곤을 낳게 한다. '오직 나와 우리만이 옳다'는 배타적 순혈주의는 국민 위에 군림하는 또다른 '폭력'이자 '민생'의 적이라고 규정한다.

첫 번째로 다뤄지는 민생제일주의(民生第一主義)를 살피면서, 나는 우선 3가지의 장면을 말하지 않을 수 없다.

장면 #1. 성난 얼굴의 '양극화'

우리 사회는 '양극화'로 인한 상대적 빈곤층이 갈수록 확대되고 있다. 급속한 산업화와 경제발전은 '사회경제적 자본총량'을 비약적으로 높였고 성장의 대가로 발생하는 삶의 형편과 편익은 이전과는 비교할 수 없을 정도로 향상되었으나, 절대적인 부(富)의 증가를 따라가지 못하는 분배의 형평성은 고질적인 사회문제가 되고 있다.

1999년 상위 20%의 처분가능소득이 하위 20% 소득의 3.72배에 그쳤으나, 2016년에는 4.46배로 악화되었고 문재인정부의 2018년에 이르러는 '소득분배 집계 이후 최악'이라는 지표를 보였다. 특히 가구당 월평균 소득에서 평균소득이 약 482만원이나, 1분위 125만 5천원과 5분위 992만5천원으로 상당한 격차를 보이고 있음을 알 수 있다. 경제적 불평등은 사회적 양극화로 이어져 사회통합을 저해하는 원인이 되는데, 지난 몇 년 사이 복지를 둘러싼 이념적 논쟁이 가세하면서 사회의 평등성과 공정성에 대한 논란은 더

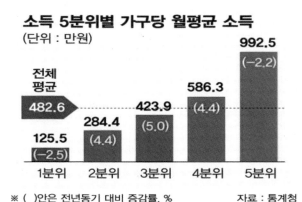

〈그림1〉 소득 5분위별 가구당 월평균 소득

욱 커지고 있다. 국민들은 "공동체가 생산한 부(富)와 자원(資源)이 효과적으로 관리되고 공정하게 분배되고 있는가?"에 깊은 의문과 불만을 제기하고 있다. 이는 우리사회의 소통단절은 물론 공동체 분열로 이어지는 악순환을 발생시키고 있다.

지금의 우리사회처럼 패자(敗者)에 대한 사회적 안전장치가 부족한 상황에서 승자와 패자의 희비(喜悲)격차가 확대되고, 임금·자산·복지를 둘러싼 양극화의 심화는 위험사회의 징후로 보아야 할 것이다. 게다가 사회통합적 비전을 모색해야 할 정치(政治)는 원칙과 자기반성을 상실한 채 '정치적 극단주의'와 '이념적 양극화'에 갇혀 편가르기와 헤게모니 쟁탈전의 만성적인 무능의 늪에 빠져있다.

최근 국민인식조사에서 국민들은 극단적인 이념의 대립보다 경제 양극화에 따른 '계층 간 문제'를 사회갈등을 심화시키는 주된 요인으로 인식하고 있었다. 이는 국민들이 좌우(左右)의 진흙탕 같은 싸움보다 먹고사는 문제, 즉 '민생격차(民生格差)'를 더 우려하고 있다는 반증이다.

양극화는 경제분야의 문제를 넘어 사회·정치·문화적으로 확대되고, 상대방을 향한 낙인찍기로 합리적 비판과 대안 모색은 설 자리를 잃고 있다. 색깔을 달리하며 대립하는 정치세력들이 각기 다양한 슬로건으로 '양극화 해소'를 말하지만, 사회통합과 삶의 문제는 '허울뿐인 장밋빛 청사진'의 감언이설(甘言利說)로 포장되고 '실사구시(實事求是)'가 배제된 특정 정파들의 편협한 시각에서 자유롭지 못한 것이 현실이다.

다산(茶山)은 성리학적 세계관에 빠진 지배층의 득세로 새로운 변화를 거부하던 조선 후기 사회를 가리키면서 "소민(小民)이 파산하고 쇠잔하면, 결국 나라가 망한다."고 통탄하였다. 다산(茶山)의 비통함은 '애절양(哀絕陽)'의 한 구절로도 표현된 바 있었다. 이 시는 1803년 전남 강진 유배지에서 "노전이란 백성이 아이를 낳은 지 사흘만에 군보(軍保, 군역의 하나)에 등록되고 소를 빼앗기니, 그 사람이 칼을 뽑아 스스로 생식기를 베면서 '내가 이것 때문에 곤액을 당한다'고 했다는 말을 듣고 지었다"고 하였다.

豪家終歲奏管弦(호가종세주관현)
부자들은 일년 내내 풍류나 즐기면서
粒米寸帛無所捐(입미촌백무소연)
낟알 한 톨 비단 한치 바치는 일 없는데
均吳赤子何厚薄(균오적자하후박)
다 같은 백성인데 이다지도 불공평하니
客窓重誦鳲鳩篇(객창중송시구편)
객창에 우두커니 앉아 시구편을 거듭 읊노라

백성의 곤궁함을 억누르는 불공평은 예나 지금이나 마찬가지였던 모양이다. 다산(茶山)의 실학정신도 개혁과 공렴(公廉)의 자세로 민생을 챙기고, 없는 자를 구제하여 백성을 편안하게 살게 하는 것이었다. 초근목피(草根木皮)로 연명하는 백성들의 편에 서서 사회를 올바르게 바꿔보자는 개혁사상이었던 셈이다. 오늘 우리가 직면하는 양극화는 '초근목피의 절대적 빈곤'은 아니지만, 상대적 빈곤의 확대가 누적되는 '격차사회(格差社會)'의 뼈아픈 단면임은 분명하다.

장면 #2. 시한폭탄이 된 가계부채 1500조

2018년 영국의 경제분석기관인 '옥스퍼드 이코노믹스'는 우리나라의 가계부채 증가속도가 중국에 이어 세계 2위라고 발표한 바 있다. 또한 가계부채의 규모와 증가속도는 OECD 주요국 가운데 최고 수준의 위험성을 안고 있다고 경고했다. 가계부채는 2018년 1,543조6,000억원을 돌파하면서 GDP 대비 비율이 100%에 근접하고, 이 비율의 상승세도 조사대상국 중에서 가장 빠른 속도를 보이고 있다고 한다.

가계부채 보유자가 국민의 40%에 해당하는 약 2,000만명에 이르고, 1인당 부채액이 8,000만원을 넘어서고 있다. 은행금리가 1%만 인상되어도 약 2만5천세대의 국민이 파산에 이르는 고(高)위험 구조를 보이고 있다. 세대별로는 40~50대 저소득 자영업자들이 최대 위험군(群)이다. 지금과 같은 가계부채의 증가추세라면 2020년경에는 순수 이자(利子)로만 증가하는 부채액이 매년 100조원에 이른다고 한다. 이자를 비롯한 채무상환에 어려움을 겪는 취약차주의 부채규모만 87조원에 육박하고 있다.

가계부채는 금융·부동산·소비와 복합적으로 연결되어 있어 단편적인 접근으로는 근본적 해결에 한계가 있다. 자영업·하우스푸어·저소득·고령층 등 취약계층의 부채비율이 확대되고, 가계부채가 갈수록 악성화(惡性化)되고 부실화(不實化)의 위험이 높아지면서 국가경제는 물론 사회적 혼란을 촉발시키는 기폭제가 될 위험성을 내포하고 있다.

특히 내수부진과 일자리 감소는 '소득 불안정'으로 가계부채의

차주구분	차주특성	연체여부
상환능력 충분	745만 가구 (부채 724조원)	해당 없음
상환능력 양호	312만 가구 (부채 525조원)	연체 없음
상환능력 부족	32만 가구 (부채 94조원)	연체 있음
상환능력 불능	부채 100조원	연체 있음

〈그림2〉 특성별 가계부채 현황   출처 (2017년 정부 '가계부채 종합대책)

뇌관(雷管)을 건드려 민생경제를 파탄지경으로 빠뜨리는 악순환을 유발할 수 있다. 이미 가계부채는 금융권의 대책으로만 해결할 수 없는 민생위기(民生危機)의 위험한 동반자가 되었다. "가계부채 규모가 지나치게 커져 이제는 마치 폭탄 돌리기 게임을 하고 있다"는 전문가들의 진단이 나온 지 몇 해가 지났다. 민생의 위기 앞에서 이념적 가치판단을 떠나 위기의 본질에 대한 정치권의 통찰력이 필요할 때이다.

그러나 불행하게도 정부와 정치권이 내놓는 대책은 가계부채의 악순환에 대한 근본적 처방이 되지 못하고, 높아지는 경제적 불안심리도 해소하지 못하고 있다. 금리·부동산 대책을 통한 단기적 대응으로는 '언 발에 오줌누기'라는 지적도 계속되고 있다. 늘어가는 가계부채를 초당적 민생현안으로 인식하고, '빚으로 빚을 막는' 민생경제 파멸을 막아내는 정책대안 마련에 힘을 쏟아야 한다.

다산(茶山)은 일찍이 "천하부이구 부란(天下腐已久 腐爛)"이라고 탄식하며, "한나라가 망하는 것은 외적의 침략이 아니라 사회부조리와 부정부패로 인해 민심이 등을 돌리기 때문이다"라고 말했다. 한 나라의 치국(治國)과 경세제민(經世濟民)은 나누어질 수 없는 것으로 "다스려지는 자들의 고통을 외면하지 말아야 한다"고 강조한 것이다.

다산(茶山)은 전정(田政)·군정(軍政)·환곡(還穀) 등 삼정(三政)의 문란을 지적하였는데, 그중에서도 사창(社倉)에 저장한 곡식을 봄에 백성에게 꾸어주었다가 가을에 이자를 붙여 거둬들이던 환곡(還穀)을 가장 백성을 괴롭히는 정책으로 지적하였다.

"還上者 社倉之一變 非糶非糴 爲生民切骨之病 民劉國亡 呼吸之事也

환상이란 사창제도가 변하여 나온 제도인데, 조(糶)도 아니요 적(糴)도 아니면서 백성의 뼈를 깎는 병폐가 됐으니 백성이 죽고 나라가 망함은 바로 눈앞에 닥친 일이다"

오늘 우리가 직면하고 있는 '가계부채'는 다산(茶山)이 말한 '다스려지는 자의 고통과 눈물'을 예고하고 있다.

장면 #3. 급속한 가족해체와 트렌드의 변화

친족 중심의 대가족(大家族)이 소규모 핵가족(核家族)으로 전환되었고, 이제 그 핵가족마저 비혼·한부모 가정 등 다양한 형태로 분화되었다. 혼인(婚姻)과 혈연(血緣)을 기반으로 하던 전통적 가족 범주에 급속한 변화가 일어나고 있다. 특히 1인 가구나 '아이를 낳지 않는 2인 가구'로 재편되는 속도가 빨라지고 있다.

특히 1~2인 가구는 2017년 현재 전체 가구의 55.3%로 절반을 넘어서 2045년경에는 71.3%에 이를 전망이다. 국가정책의 표준가구인 '4인 가구'는 갈수록 감소하여 2045년경에는 7.4%가 될 것으로 예상하고 있다. 저출산·고령화가 지속되면서 고령인구와 독거노인이 급속하게 증가하면서 65세 이상의 고령자 가구가 2015년 366만4,000가구에서 2045년경이면 1,065만3,000가구로 전체가구의 47.7%에 이른다고 한다. 1~2인 가구의 급속한 증가는 사회구성의 기본단위인 '4인 가구'를 중심으로 한 각종 정책의 전환이 필요하다는 것을 의미한다. 저출산·고령화로 인한 가족형태와 구성의 급속한 변화는 삶의 영역 전반에서 다양한 문제를 발생시키고 있다. 그러나 이렇게 급속한 가족의 해체와 트렌드의 변화에도 고

(단위: %)

연도	부부+자녀	1인	부부	부(모)+자녀	기타
2015	32.3	27.2	15.5	10.8	14.2
2025	24.2	31.9	18.3	11	14.7
2035	19.3	34.6	20.7	10.6	14.9
2045	15.9	36.3	21.2	10.1	16.5

〈그림3〉 가구 유형별 구성비 추이 (2015~2045년)   (통계청, 2017)

용·주거·소득·의료·안전 등 현실을 감안한 정책방향 전환은 더디다는 평가가 계속 나오고 있다. 가족형태의 변화로 발생하는 민생(民生)의 다양한 욕구에 제대로 대응하는 가족정책의 재설계가 시급하다. 가구형태별 특성에 맞는 정책과제의 면밀한 검토와 집행이 필요한 상황이다.

제3의 형태로 달라지고 진화하는 새로운 가족모델에 맞춘 제도적인 안정감이 어느 때보다 중요해졌다. 최근 지자체를 중심으로 '전 연령층 1인 가구를 대상으로 한 생애주기별 정책'에 대한 관심이 높아지는 것은 긍정적이나, 아직도 민생(民生)을 비롯한 대부분의 정책과 법률이 '4인가구'를 중심으로 이뤄져 있다. 이제는 변화하는 가족 패러다임에 맞추어 부실한 정책의 틈새를 메워야 할 것이다.

다산(茶山)의 행정개혁론(行政改革論)은 민권주의(民權主義)·민생주의(民生主義)·개혁주의(改革主義) 등 세가지 원칙을 강조하고 있다. 이는 변화하는 시대에 적극적으로 대응하고, 민심(民心)과 민생(民生)을 안정시키는 것을 행정개혁의 기본 방향을 제시한 것이다. 시대적 변화의 요구를 한 발 앞서 인식해야 함을 강조하고, 소극적 위민(爲民)을 넘어 사회적 책임을 다하는 실천적인 위민개혁(爲民改革)을 통해 민생의 봉사자로서 목민관의 소임을 다할 것을 설파했던 것이다.

다산(茶山)은 '경세유표(經世遺表)'의 서문에 "새로운 일을 도모하는 것에 저항하는 문화는 나라를 점차 부패하게 만든다"고 일갈하고, 시대변화에 맞게 시스템을 끊임없이 혁신하라는 메시지를 던졌다. 시대의 변화에 맞추고, 그 변화에 맞는 제도와 시스템을 혁신하는 것을 '민생(民生)'을 위한 중요한 덕목임을 지적하였던 것이다.

나는 지금 우리사회가 직면하고 있는 제반 문제들 중에서 양극화·가계부채·가족구성의 변화 등 세 가지의 변화에 주목하였다. 물론 이외에도 산적한 문제들은 많다. 일일이 열거할 수 없는 문제들 중에도 민생제일주의(民生第一主義)를 가로막는 핵심요인도 많지만, '국민의 삶을 돌보는' 민생의 가장 핵심적인 고려사항을 거론하고 싶었다.

지금까지 거론했던 민생제일주의(民生第一主義)의 세 가지 장면에서 어느 하나 이념적으로 접근해야만 문제해결이 되는 정책이 있는가? 양극화에 따른 시장(市場)의 폐단이 극에 달할 때는 국가의 개입을 우선하는 좌파(左派)의 주장이 드세고, 공공영역의 도덕적 해이로 국가의 비효율성이 높아질 때는 '작은 정부'를 지향하는 우파(右派)의 목소리에 힘이 실리곤 하는 것이 세계 정치경제사의 보편적 법칙이었다. 그러나 좌우(左右)를 막론하고 강자 독식의 무한경쟁을 완화하고, 약자(弱者)를 배려하는 사회안전망을 강화해야 한다는 데는 이견이 없을 것이다. 위기가 깊고 높을수록 단기적 처방의 강경론에 눈길이 쏠리고 장기적 전망의 온건론은 초라해지기 마련이다.

민생제일주의(民生第一主義)를 위한 구체적인 대책이나 조치에는 손을 놓고 서로 헐뜯는 작금의 좌우논쟁(左右論爭)은 국민을 위해서도 백해무익하다. 당파(黨派)를 넘어 오로지 백성에게 다가서고자 했던 다산(茶山)의 공심(公心)이 200년 세월을 넘어 무거운 발걸음으로 다가온 것도 그 때문이다.

암행어사(暗行御史) 정약용의 보고서에 정조(正祖)가 내린 어서(御書)에는 "수령의 선치(善治) 여부를 꼼꼼히 조사하고 백성의 고통을 몰래 찾아내는 것이 어사(御使)가 맡은 소임"이라고 적혀 있다. 33세에 패기 넘치는 암행어사의 본분을 다하면서도 '고통스러워하는 민생(民生)'을 아파하고, '정신 못차리는 정치(政治)'에 절망해야만 했던 다산(茶山)의 흉심(胸心)이 떠오르는 오늘이다.

마른 목은 길쭉하여 따오기 같고

병든 살갗 주름져 닭살 같구나

팔다리는 아직도 움직일 때련만

걸음을 혼자서 옮기지 못하네

관가의 돈 궤짝 남이 볼까 숨기기 바쁜데

우리들 굶주리게 한 것이 바로 그것 아닌가

관가 마구간 살찐 저 말은

다름 아닌 우리들의 피와 살이네

이제 다산과 함께 떠나는 행복여행의 기차는

두 번째 역(驛)을 향해 달리고 있다.

"사람을 귀하게 여기는 것은
신의가 있기 때문이다.
만약 무리 지어 함께 즐거워하
다가 흩어지고 난 뒤에 서로
잊어버린다면 이는 짐승의
도리이다"

(다신계절목 중에서)

2. 두번째 정차역(停車驛),
제4차산업혁명(第四次産業革命)

　지금의 경기도 수원시 장안구에 위치한 수원화성(水原華城)은 조선의 건축기술이 모두 집약된 성곽의 백미를 이루고 있다. 특히 주변 환경과 지형적인 특징을 고려한 전통적인 축성기법을 창조적으로 승화시켰을 뿐만 아니라, 조선후기 실학사상에 기초한 근대적 생산방식으로 진행하여 한국 근대건축의 출발이 되었다는 평가를 받고 있다.

　특히 수원화성(水原華城)은 군사도시라는 전통적인 도시관을 벗어나 농업은 물론 상업·교통도시라는 새로운 기능을 계획적으로 조성한 '혁신도시'였다. 한마디로 조선시대 과학기술의 결정체가 '수원화성(水原華城)'이었던 셈이다. 이때 다산(茶山)은 설계(設計)·예산(豫算)·자재(資材)·도구(道具)에 이르기까지 중요한 역할을 담당하여 프로젝트를 성공적으로 추진하였다.

　다산(茶山)은 기중기(起重機)라는 당시로서는 혁신적인 기술로

〈그림 4〉 수원화성(水原華城)

축조현장에 적용하여 백성들의 고달픔은 물론 비용까지 절감하였다. 정조(正祖)가 건네준 서양기술 소개서인 '기기도설(奇器圖說)'을 참고하여 당시 조선의 형편에 맞는 '도르래 12개만으로 무거운 물건을 쉽게 들어올리는' 거중기(擧重機)를 만들었다. 성균관(成均館) 유생(儒生) 출신으로 규장각 관리로 근무했던 문관 다산(茶山)이었지만, 형식에 구애받지 않는 혁신적인 사고와 실사구시(實事求是)로 서양의 과학기술을 편견없이 받아들여 나라와 백성의 생활에 도움을 주고자 했던 실용주의(實用主義)를 실천했던 것이다. 한마디로 다산(茶山)은 정치·경제·군사·과학·공학 등 다방면에 걸쳐 훌륭한 성과와 업적을 남긴 융합형 인재였다.

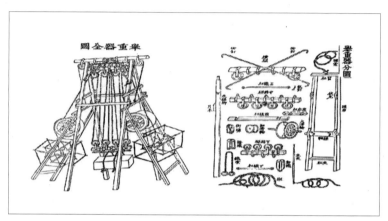

〈그림 5〉 거중기 도면(圖面) 및 조립도

　새로운 혁신적 변화를 이끌고 있는 4차산업혁명의 길목에서 미래인문학과 융합형 인재를 고민하는 많은 사람들은 단연 '다산(茶山) 정약용'을 떠올려 현재에 다시금 부활시키고 있다. 통합적이고 융합적인 인문학자로서의 '다산(茶山)'의 면모를 재조명하고, '축기견초법(築基堅礎法, 기초를 확립하고 바탕을 다지라)', '지기체마법(知機揣摩, 기미를 분별하고 미리 알아 헤아려 준비한다)' 등 다산(茶山)이 보여준 지식경영의 노하우에 대한 연구가 활발하게 진행되고 있다.

　지금 우리는 4차산업혁명을 둘러싼 새로운 시대적 전환점을 맞이하고 있다. 이전까지 경험했던 3차산업혁명과 달리 4차산업혁명의 흐름과 급속한 변화속도는 '파괴적 혁신'을 요구하고 있다. 우리사회의 전통적인 사회경제적 패러다임이 바뀌고 있고, 인공지능·사물인터넷·빅데이터·모바일 등 첨단 정보통신 기술은 사회의 전영역에 걸쳐 융복합의 혁신적인 변화를 이끌어내고 있다.

이렇듯 4차산업혁명은 여러 분야의 기술이 융합된 새로운 기술혁명으로 산업구조를 넘어 사회구조를 급속하게 재편하고 있다. 대규모의 데이터 생산과 유통이 일반화되면서 거리와 시간의 개념이 무너지고, SNS 플랫폼 등 의사소통의 방법에서도 혁신이 일어나고 있다. "인간의 감동은 인문학을 기술로 구현할 때 오는 것이다. 모든 범주를 융합하는 능력이 혁신이다"라는 스티브 잡스의 말처럼, 우리는 융합적 사고와 기술의 구현이 만나는 새로운 신대륙(新大陸)으로 진입하고 있는 것이다.

나는 두번째 정차역에서 만난 '4차산업혁명'을 통해 산업·교육·노동 등 사회의 세가지 핵심영역에서 일어나는 패러다임 변화를 살펴보고자 한다. 세가지 외에도 다양한 패러다임 변화가 있지만, 미래·인재·갈등 측면에서 새로운 패러다임의 변화를 주목하고 싶었다.

	제1차 산업혁명	제2차 산업혁명	제3차 산업혁명	제4차 산업혁명
시기	18세기	19~20세기 초	20세기 후반	20세기
특징	증기기관 기반의 '기계화 혁명'	전기 에너지 기반의 '대량생산 혁명'	컴퓨터와 인터넷 기반의 '디지털 혁명'	사물인터넷(IoT)과 빅데이터, 인공지능(AI) 기반의 '만물 초지능 혁명'
영향	수공업 시대에서 증기기관을 활용한 기계가 물건을 생산하는 기계화 시대로 변화	전기와 생산조립 라인의 출현으로 대량생산 체계 구축	반도체와 컴퓨터, 인터넷 혁명으로 정보의 생성·가공 공유를 가능케 하는 정보기술시대의 개막	사람, 사물, 공간을 연결하고 자동화·지능화되어 디지털·물리적·생물학적 영역의 경계가 사라지면서 기술이 융합되는 새로운 시대

〈그림6〉 시기별 산업혁명의 특징과 영향

패러다임 1. 산업구조 변화의 메가트렌드

글로벌 산업환경의 변화는 '3S-1P'로 집약되고 있다. 즉 스마트화(Smart)·서비스화(Servitization)·친환경화(Sustainable)로 재구성되고 플랫폼화(Platform)로 이어지는 4가지 메가트렌드를 보이고 있다. 우리나라는 초고속 정보통신망, 인터넷 서버 등 IT 인프라에서 세계 최고수준을 자랑하고 있지만, 4대 메가트렌드로 가속화되는 글로벌 산업환경의 변화에 대응하기에는 아직까지 혁신적인 모델 구축과 기회창출을 위한 노력이 미흡하다는 평가가 지배적이다.

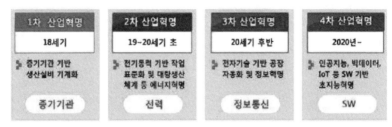

〈그림7〉 산업 패러다임의 변화   출처 (정보통신기술진흥센터)

　전통적인 산업구조가 4차산업혁명 시대에 맞는 새로운 산업으로 변화하기 위해서는 소프트웨어(SW)가 필수적인 요소라는 점에서 글로벌 정부와 민간기업들은 소프트웨어 경쟁력 확보에 사활을 걸고 있다. 4차산업혁명 시대는 단순한 공장 자동화와 정보혁명을 넘어서 소프트웨어를 기반으로 산업분야의 패러다임이 혁신적으로 바뀌는 것을 의미한다. 이미 제조와 금융, 유통 등 전 산업 영역에서 신기술의 소프트웨어를 적용한 새로운 기술기반의 서비스가 쏟아지고 있다.

　미국·독일을 비롯한 4차산업혁명의 선도국가들은 인공지능과 사물인터넷, 빅데이터와 블록체인 등 첨단 정보통신 기술의 융복합이란 혁신적인 키워드를 통해 생산성과 효율성을 높이는 고부가가치 산업에 집중적으로 투자하고 육성하고 있다. 또한 기술과 인문의 융합을 통해 새로운 경쟁력을 창출하고 있다. 즉 사회·경제 생

주요국의 4차 산업혁명 접근전략 비교

구분	미국	독일	일본	중국
어젠다	산업인터넷(Industrial Internet)	인더스트리 4.0(Industrie 4.0)	로봇신전략(Robot Strategy)	중국제조 2025
시기	2012년 11월	2011년 11월	2015년 1월	2015년 5월
플랫폼	클라우드 중심 플랫폼	설비·단말 중심 플랫폼	로봇 중심 플랫폼	설비·단말 중심 플랫폼
추진주체	• IIC(Industry Internet Consortium, 2014년 3월) • GE, Cisco, IBM, Intel, AT&T 등 163개 관련기업과 단체	• 플랫폼 인더스트리 4.0(2013년 4월) • AcaTech, BITKOM, VDMA, ZCB 등 관련기업과 산업전체	• 로봇혁명실현회의(2015년 1월) • 로봇혁명 이니셔티브(협의회 (148개 국내외 관련 기업과 단체)	• 국가제조강국건설전략자문위원회(2015년 6월) • 민간기업 등으로 구성된 전문 자문위원회 설립 예정
기본전략	• 공장 및 기계설비 등을 클라우드에서 지능으로 처리 • 인공지능(AI) 처리와 빅데이터 해석을 중시하는 사이버공간의 현실화(Real) 전략	• 공장의 고성능 설비와 기기를 연결해 데이터 공유 • 제조 강국의 생태계를 살려 현실공간의 사이버화 전략	• 로봇기반 산업생태계 혁신 및 사회적 과제 해결선도 • 로봇화를 기축으로 사물인터넷(IoT), 사이버물리시스템(CPS) 혁명 주도	• 노동 집약형 제조업을 기술 집약형 스마트 제조업으로 전환 • 정보기술(IT)을 활용한 생산 스마트화로 제조업 품질을 제고해 제조강국 대열 진입

〈그림8〉 주요국 4차산업혁명 접근전략 비교　　　　출처 (정보통신진흥기술센터-산업연구원 등)

태계를 바꾸는 새로운 흐름의 혁명적 전환을 만들어가고 있는 것
이다.

　미국·독일·중국·일본 등 주요 국가들은 4차산업혁명 시대를
선도하기 위해 신(新)제조업 육성에 주력하고, 혁신적인 메가트렌
드를 둘러싼 치열한 경쟁구도에 성큼 다가서고 있다. 미국의 '산
업인터넷,' 독일의 '인더스트리 4.0,' 일본의 '로봇신전략,' 중국의
'제조업 2025' 등은 대표적이다. 이미 오래전부터 4차산업혁명에
대응하는 국가전략의 일환으로 제조업 르네상스 전략을 수립하여
집중적으로 실행해오고 있다.

　또한 2019년 한국경제연구원이 4차산업혁명의 정책담당자들을
대상으로 조사한 결과, "한국의 정책지원 수준은 주요국가들에 비
해 가장 낮고, 정부 규제 강도는 가장 높다"는 결과가 나왔다. 4차
산업혁명과 직결된 소프트웨어와 생화학·제약 관련 신기술 분야

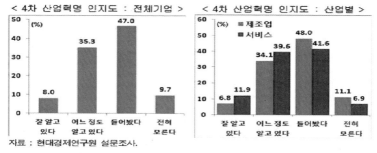

〈그림9〉 국내 400개 기업 4차산업혁명 인식 조사 (2017년)

에서는 한국이 주요국가들에 비해 혁신 역량이 지속적으로 떨어지는 것으로 나타나고 있다.

2018년 서울대 경제학부와 한국은행 경제연구원이 공동발표한 '4차산업혁명과 한국의 혁신역량 보고서'는 "한국은 3차산업혁명 관련 기술 분야에서는 세계 선두에서 혁신을 이끌었지만, 4차산업혁명을 이끌어 갈 분야에서는 혁신 역량이 상대적으로 뒤처져 있

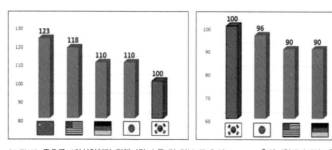

〈그림10〉 주요국 4차산업혁명 정책지원 수준 및 정부 규제 강도   출처 (현대경제연구원 설문조사)

다. 4차산업혁명 진전으로 기술과 산업구조가 급변할 경우 경제발전이 더디게 진행될 위험이 있다"고 경고하고 있다.

패러다임 2. 창조적 혁신·미래형 인재를 위한 교육혁명

미국의 발달심리학자인 로베르타 골린코프 교수와 미국 최고의 싱크탱크 기관인 브루킹스 연구소 캐시 허시 파섹 선임연구원은 공저(共著)인 '4차산업혁명 시대 미래형 인재를 만드는 최고의 교육'이라는 저서를 통해 4차산업혁명 시대의 교육시스템은 6C를 중심으로 한 과학적이고 효과적인 교육시스템으로의 전환이 필요하다고 강조한 바 있다. 6C는 협력(Collaboration), 의사소통(Communication), 콘텐츠(Contents), 비판적 사고(Critical Thinking), 창조적 혁신(Creative Innovation), 자신감(Confidence)를 뜻한다.

또한 다수의 미래학자들은 "미래에는 현재와 다른 생각을 가진 다른 종류의 사람들이 인정받는다"고 예견하고, 지금의 변호사나 명문대 졸업생처럼 특정 인맥과 생각이나 특정 능력을 가진 사람들이 우대받는 시대는 끝나가고 있다고 서슴없이 진단한다. 즉 숫자로 서열화시켜 우위를 가늠하는 성적표보다 6C와 같은 '눈에 보

<그림11> 미래인재 조건 '6C'

이지는 않는' 무형의 역량을 갖춘 사람이 인재라는 의미다. 이를 '소프트 스킬(Soft Skill)'이라고 한다.

2016년 교육부는 '지능정보사회에 대응한 중장기 교육정책의 방향과 전략'을 발표하고, 초등학교부터 대학교까지 공교육 체계를 혁신하겠다는 의지를 보였다. '창의와 융합 교육'. '창의 융합 인재강국', '교육 4·0' 등 다양한 슬로건이 넘쳐나고 있지만, 우리나라 교육을 강제해온 기본인식과 사회적 통념을 바꿔내기에는 상당히 역부족인 것이 현실이다. 정책이 제시하는 '창의와 융합의 인재교육'의 방향과 실제 현장에서 필요로 하는 '진짜 교육'이 가지는 괴리가 너무 크다는 것이다. 4차산업혁명 시대의 인재교육을 둘러싼 민관(民官)주도의 토론회와 자료집은 쏟아지고 있지만, 드라마 'SKY 캐슬'이 높은 시청률을 자랑하고 'IN 서울'을 외치는 학부모와 학생들의 몸부림은 오늘도 멈출 줄 모르고 있다.

4차산업혁명은 '교육혁명'에서 출발한다. 4차산업혁명에 대비하는 세계 주요국가들은 정책과 현장의 미스매칭을 최소화하고, 인재의 현장 활용성을 높이기 위해 맞춤형 교육방안을 마련하고 있을 뿐만 아니라 국가간 인재교육의 교류도 적극적으로 활성화하고 있다. 또한 4차 산업혁명에 대비한 고급인재 양성을 위해 선택과 집중(Hub & Spoke) 전략으로 정책과 예산을 효율적으로 집행하고 있다.

〈그림12〉 대학입시 설명회

구분	인재 양성 정책
미 국	■ 인공지능(AI) 전문가·연구자 및 데이타 과학자 양성 ■ 과학·기술·공학·수학 등 STEM 교육에 대한 장기간 집중 　투자로 전문인력의 기초역량 강화 및 다양성 확보
일 본	■ 인공지능(AI) 인재양성을 위한 모든 인력 수준별 교육 및 지원 ■ 데이터 인재양성 및 경력관리 촉진에 집중 ■ 문부과학성, 인재양성을 위한 '탁월대학원' 프로그램 운영
중 국	■ 인공지능(AI) 전문가 양성을 위한 대학 기반 시스템 구축 ■ 중국과학원대학, 인공지능(AI) 특화 인재양성 '기술단과대'설립
영 국	■ 정부·산업간 협력강화 기반으로 인공지능(AI) 전문인력 공급 　개선 (투자 및 자금 지원)
이스라엘	■ ICT 기술교육 및 재교육을 위한 코팅 부트캠프 운영 　(이론·실습 기반 집중 교육 제공)
프랑스	■ 정부 주도의 인재양성 정책 마련 및 적극적인 투자 실시 　(200만명 저숙련 인력 훈련을 위한 150억 유로 투자, '18~'22)

〈그림13〉 주요국 인재양성 및 확산 전략　　　　　출처 (2018.6.22. 정보통신기획평가원)

　4차산업혁명이라는 시대적 전환에 대비해 미래의 산업구조와 인구구조 변화를 예측한 미래 인재양성 정책의 추진이 필요하고, 교육시스템과 과정에 대한 종합적인 대책이 요구된다. 전통적인 학교형식와 수업방식, 정해진 학제와 학력인증으로는 교육 패러다임의 대변화에 능동적으로 대처할 수 없다. 전문가들은 교육시스템과 과정의 혁신을 위해 첨단기술을 단선적으로만 활용하는 교육을 넘어 '기술이 사유방식과 삶의 방식을 변화시키는 복합 관계를 이해하는 핵심역량'을 키워야 한다고 지적한다. 기술과 기계의 능력이 강해지는 미래 상황에 대비하는 교육혁명의 방향은 '기계로 대체할 수 없는 인간다운 능력의 배양'에 집중해야 한다는 얘기다.

과연 우리 교육은 어떤 설계를 통해 4차산업혁명 시대로 다가오는 혁신적 변화의 흐름에 능동적으로 대처할 것인가? 인지역량과 사회적 능력, 글로벌 교류방식을 제대로 가르칠 수 있을 것인가? 교육혁명을 위한 사회적 합의와 정책마련, 그리고 실천은 빠르면 빠를수록 더 좋다.

패러다임 3. 노동(勞動)의 파괴적 전환

4차산업혁명은 앞서 살펴보았듯이 새로운 기술혁명의 속도·범위·영향력이 이전 시대와는 비교할 수 없는 큰 변화를 가져온다. 전반적인 사회경제 시스템의 변화는 물론 혁신적인 기술에 의한 산업재편은 지금까지 우리가 경험하지 못했던 노동구조 패러다임의 대전환을 예고하고 있다. 〈그림14〉처럼 데이터·기술로 집약되는 변화방향은 산업구조를 지능화·효율화하고 사회구조에서 고용구조와 삶의 질을 급격하게 혁신시킨다.

글로벌 컨설팅 전문기관인 '맥킨지 글로벌 연구소(MGI)'는 보고서를 통해 "기술혁신으로 인한 노동구조 변화로 2030년경 세계에서 4

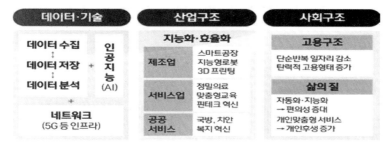

〈그림14〉 기술변화에 따른 고용구조의 변화

억~8억명이 일자리를 상실할 것으로 전망된다"고 밝혔고, 우리나라 고용노동부는 '2016~2030년 4차산업혁명에 따른 인력수요 전망'에서 총 172만명의 고용변화가 발생하는 것으로 예측하고 있다.

　'기계화·자동화·디지털화로 인한 일자리 감소'라는 비관론과 '공정 혁신과 생산성 향상을 통한 시장 확대로 일자리 총량 증가'라는 낙관론이 팽팽하게 대립하는 상황이지만, 대체적으로 노동시장의 변화방향에 대해 낙관론보다 비관론이 앞서는 것이 현실이다. 신산업(新産業)과 신직업(新職業)의 등장으로 새로운 일자리가 탄생하겠지만, 우리는 역사를 통해 '미래를 준비하는 사람보다 과거를 떠나지 못하고 현재에 안주하는 사람'이 더 많다는 것을 잘 알고 있지 않은가. 특히 일하는 방식과 고용형태 변화에 적응하여 삶의 질을 유지하거나 높일 수 있는 사람이 과연 얼마나 될 것인지도 의문이다.

〈그림 15〉 20년 안에 사라질 직업들과 확률　　　　　　　　출처 (ECONOMIST)

　문재인 정부 출범이후 급격하게 추진한 '최저임금'의 부정적인 효과를 감안할 때, 4차산업혁명의 기술진보로 발생하는 새로운 노동시장와 고용형태는 상당한 파급력으로 혁신적인 패러다임의 변화를 보일 것이다. 단순 업무 중심의 저임금 노동력에 대한 수요는 급감하고, 고기술·고임금의 숙련 노동력에 대한 노동수요가 급격하게 상승하면서 기술과 소득양극화의 악순환이 우려된다.

　전통적인 노사관계에 기초한 대립적인 고용관계는 지속적으로 약화되고, 노무제공자(노동자)와 수령자(사용자) 간의 협업적인 고용형태로 진화할 가능성이 높다. 세계적인 문명비평가인 제러미 리프킨은 이미 90년대에 '노동의 종말'이라는 저서를 통해 "정보화·기계화로 인간의 영역은 줄어들고, 기술혁신이 노동에서 해방된 인간상을 구현할 것이란 유토피아적인 미래전망은 더 이상 통용되지 않는다"고 선언한 바 있다. 이러한 미래진단에 대해 전통적인 노사관계와 상호 대립적인 고용구조에 익숙한 우리나라의 노동운동가들에게서 "지나치게 비관적이다"는 비판을 쏟아낸지도 벌써 20여년이 흘러간다. 일국적(一國的) 차원을 넘어선 세계적인 노동구조와 고용시장의 변화 앞에서 '사용자 대신 인공지능 로봇과 일자리를 두고 다투어야 하는' 노동자의 현실이 결코 먼 미래가 아닌 현실로 이미 닥쳐 있지 않은가.

1865년 영국 빅토리아 여왕 시절에 자동차의 등장으로 피해를 보는 마차를 보호하기 위해 만들었던 '붉은 깃발법(The Locomotives on Highways Act)'이란 퇴행적 시대의 잔재를 상기할 필요가 있다. 당장의 기득권을 위해 미래를 포기하는 대가는 가혹하다. 4차산업혁명을 위한 규제혁신에 못지않게 중요한 것은 '대립적이고 전투적인 노동의 권리보다 협업을 통한 창의적으로 일할 권리'을 만들어가는 과감한 노동개혁임을 알아야 한다. 노동개혁이 없이는 4차산업혁명도 없다는 비판에 귀 기울여야 할 때이다.

나는 두번째 정차역(停車驛)에 머물면서 다산(茶山)과 얽혔던 박면교거(剝綿攪車)의 일화를 떠올렸다. '박면교거'는 젊은 여자가 20일 꼬박 매달려야 마칠 수 있었던 목화를 하루만에 처리하는 획기적인 기계장치였다. 다산(茶山)은 당시 중국으로 사신으로 가던 이기양(李基讓)이란 사람에게 전한 전송 글에서 "중국으로 간 사신들이 비싼 은(銀)과 비단이나 소비재만 잔뜩 사올 뿐, 백성들의 실용에 도움이 될 만한 물건을 가져오는 사람을 이제껏 보지 못했다"고 한탄했다. 전송 글을 읽은 이기양은 귀국길에 '박면교거'를 구해왔던 것이다. 획기적인 기계장치에 너무 기뻐한 정조(正祖)는 전국 팔도(八道)에 보급하도록 지시하였으나, 갑작스런 정조의 죽음으로 흐지부지되고 말았다고 한다. 임금이 바뀌면서 백성들의 고충을 해소할 수 있었던 정책이 하루아침에 사라져버린 것이다. 훗날 다산(茶山)은 "방적을 편리하게 하여 재물을 유통시킬 수 있었는데, 시행되지 못해서 너무 애석하다"고 한탄한 바 있다. '박면교거'를 통해 조선시대의 방적산업이 비약적으로 발전할 수 있는 절호의 기회를 놓쳐버린 것이다.

4차산업혁명 시대에는 정권의 연속성을 떠나 '미래 대비를 위한 정책의 연속성'이 무엇보다 중요하다. 세가지 패러다임의 변화만 보더라도, 우리가 얼마나 큰 전환기를 살고 있는지 분명하게 드러난다. 사람이 바뀌고 정권이 바뀌면 정책에 대한 재검토가 일상화되고, 멀쩡하게 진행되던 개혁사업도 '정책의 실효성'을 따지기도 전에 하루아침에 '적폐'라는 낙인찍기로 폐기되는 상황에서 국민과 국가의 미래운명을 좌우하는 이용후생(利用厚生)의 '4차산업혁명'을 기대하기는 어렵다.

"이 나라는 터럭만큼도 병통(病痛)아닌 것이 없는데, 지금이라도
개혁을 서두르지 않으면 나라가 큰 위기에 봉착할 것이다"

– 다산(茶山)의 경세유표(經世遺表) 서문 중에서 –

이제 또다시 기차는 세 번째 정차역(停車驛)을 향해 달리고 있다.

茶信契節目　戊寅八月每日　僉議

所貴乎人者以有信也若禽獸而相樂既散而

相忘是禽獸之道也吾輩數十人粵自戊辰之

春至于今日厪厪續文如兄若弟今

還吾輩星散若遂漠然相忘豈不

道卲不亦恔乎去年春吾輩預慮此事鳩聚錢

設契其始也人出錢一兩之率生息今其幾兩

三十五兩第念旣裒之後銖貨出納未易如意

方以爲憂而圖文於寶巖西郜斉簿田數區

臨行放賣多不能售扵是吾輩以三十五兩之

錢納于行裝　圖文以西村數區之田留作契

物名曰茶信契以爲日後講信之資若其條

例反田土結負之數詳錄下方

다신계절목, 다산박물관

3. 세번째 정차역(停車驛), 무능한 탐욕의 민낯 '부패보고서'

다산(茶山)을 연구한 학자들은 수없이 많다. 그 많은 학자들이 이구동성(異口同聲)으로 "시대를 아파하고 세속에 분개한 깨어 있는 지식인"으로 다산(茶山)을 평가하고, "일반 백성들의 눈높이에서 사회현실을 비판하고, 부패한 사회질서의 환부를 도려내 잘못된 관행을 바로잡아 이상(理想)을 실현하려 했다"고 높은 실천정신을 조명하고 있다.

1810년 다산(茶山)이 공후(公厚) 김이재(金履載)라는 사람에게 보낸 편지글이다.

"탐관오리들의 불법과 부정이 해마다 늘어나고 갈수록 심해집니다. 동서(東西)로 수백리를 다니는 고을마다 모두 그러하니, 추악한 소문과 냄새가 참혹하여 차마 들을 수가 없습니다."

또한 그해 여름에는 탐관오리들의 횡포로 속절없이 죽어가는 백성들의 현실을 비판한 '조승문(弔蠅文, 파리를 조문하다)'이란 글을 지었다. 탐관오리들의 학정(虐政)에 대한 분노를 넘어 다산(茶山)이 아니면 느껴질 수 없는 백성에 대한 연민이 짙게 배어나온다.

嗚呼蒼蠅	아! 이 파리들이
豈非我類	어찌 우리 인간 무리가 아니겠는가
念爾之生	너의 생명을 생각하면
汪然出淚	저절로 눈물이 흐르노라
於是具飯爲殽	이에 음식을 만들어
普請來集	널리 청해 모이게 하였으니
相傳相告	서로 전하고 알려서
時噆是口帀	모여서 먹도록 하거라

다산(茶山)이 이글을 지을 당시에는 파리떼가 너무나 극성을 부려 집안은 물론 산과 들에 가득하였다고 한다. 다산(茶山)은 산과 들에서 극성을 부리는 파리가 "수의도 관도 없이 버려져 죽은 백성들의 몸이 문드러져 구더기가 되었고, 그 구더기가 파리가 되어

돌아온 기구한 백성들"이라고 풍자하고 눈물과 통한(痛恨)의 '조승문(弔蠅文)'으로 백성들의 억울한 죽음을 애도(哀悼)하였던 것이다.

다산(茶山)은 관료들의 탐학(貪虐)을 천재지변보다 무서운 인재(人災)로 보았고, 재난보다 더 가혹하다고 탄식하였다. 앞서 소개했던 애절양(哀絶陽)이란 시(詩)와 함께 '조승문(弔蠅文)'을 통해 조선후기 사회의 부정부패가 얼마나 극심했는가를 알 수 있다. 조선시대에는 대간(臺諫), 홍문관(弘文館), 암행어사(暗行御史) 등 부정부패를 견제하고 감시하는 제도가 있었으나, 18세기 이후 세도정치(勢道政治)로 온갖 폐단이 발생하고 관리들의 사리사욕(私利私慾)으로 인해 부정부패를 감시하고 제어할 제도는 무너지고 말았다.

우리나라는 옛날부터 '상피(相避)'라는 제도가 있었는데, 관료들의 부정부패를 막기 위해 마련되었다. 관료제가 정착되기 시작한 고려시대에 성문화된 '상피(相避)'라는 규례는 관료제의 원활한 운영과 권력의 집중·전횡을 막기 위하여 일정 범위의 친족간에는 같은 관청이나 상하 관계에 있는 관청에서 근무할 수 없게 하거나, 연고가 있는 관직에 앉을 수 없게 하는 제도였다.

그러나 이러한 상피제도도 결정적으로 외척(外戚)의 정치개입을 막을 수 없는 결정적 결함이 있었다고 한다. 유교가 중시되는 조선

시대로 접어들면서 처족(妻族)과 외족(外族)에 대한 제한이 약화되었고, 소위 '왕비족(王妃族)'의 권력 독점으로 인해 '상피(相避)'라는 최소한의 부패방지법은 사실상 사라져 버렸던 것이다. 패망 조선의 이면에는 이와 같은 부정부패 방지법의 붕괴에도 그 원인이 있었다.

사회지배층의 탈법과 부정부패가 방치되는 사회에서 "미래는 결코 없다"고 단언한다. 우리는 탐학(貪虐)을 일삼는 관료들의 전횡과 제도(制度)·법치(法治)를 무시하는 권력형 비리로 인해 나라가 망하는 비운(悲運)을 동서고금의 숱한 역사적 사실을 통해 배웠다. 삼권분립(三權分立)을 통한 균형과 견제로 독선적인 권력행사와 전횡을 방지하고 있다는 현대에 이르러서도 우리는 과연 '부정부패 스캔들'로부터 얼마나 투명하고 자유로운지 반문하지 않을 수 없다.

세 번째 정차역에서 만나는 '대한민국 부정부패 보고서'를 통해 우리 시대에 현대판(現代版) 가렴주구(苛斂誅求)는 과연 없는 것인지, 우리는 청렴하고 행복한 사회를 살고 있는지 살펴보겠다.

섹션 1. OECD 최하위 수준의 '부패인식지수'

부패(腐敗)는 국민으로부터 국가의 자원배분에 대한 위임을 받은 공적 지위의 개인과 조직이 사적인 이익을 위해 권한을 남용하는 것을 말한다. 국제투명성기구는 부패를 "개인적 일탈이 아니라, 법·제도적 요인과 인간의 선택된 기회주의적 행동이 구조화된 것으로 국가권력의 문제"라고 규정하고 있다. 즉 '사적(私的) 이득을 위한 위임된 권력의 남용'으로 정의했다.

2018년 우리나라의 부패인식지수는 180여개국 조사대상 국가 중에서 45위를 차지했다. OECD 36개 가입국 중에서는 30위로 하위권을 기록했다. 세계적인 반부패 운동단체인 '국제투명성기구(TI)'는 매년 국가별 부패인식지수(CPI)'를 조사하여 발표하는데, 민간 영역의 부패와 일반시민들의 부패는 반영하지 않고 13개 원천자료(源泉資料)를 중심으로 각 분야의 전문가들이 공공영역 부

연도별	부패인식조사	국민인식조사 (현대리서치 조사, 2018년)
2016년	52위	–
2017년	51위	매우 부패 + 부패한 편 66.8%
2018년	45위	매우 부패 + 부패한 편 53.4%

〈그림 16〉 국제투명성기구 '부패인식지수' 순위변화 및 국민인식 조사

패를 조사한다.

문재인 정부는 2016년 52위였던 '부패인식지수'가 2018년에 45위가 되었다고 "반부패 개혁의 성과"라고 자화자찬(自畵自讚)하고 있지만, 아직도 우리 국민의 50~60% 이상이 '부패사회'라고 인

식하고 있다. 또한 45위로 받은 부패인식지수(CPI) 57점은 '절대부패로부터 벗어난 정도'에 불과하다. 한마디로 정권 출범이후 단기간에 큰 성과를 남긴 것처럼 생색낼 일이 아니라는 얘기다. 게다가 OECD 가입국 중 '최하위 수준'이라는 불명예는 아직도 벗어던지지 못하고 있다.

반부패 정책은 정치권력에 기반한 특정세력의 의지나 형식적인 구호로만 해결되지 않는다. 투명한 시스템과 지속적인 제도개선 그리고 사회적 인식을 비롯한 반부패 문화 형성을 통해 지속적이고 강력한 '부패 들어내기'가 필요하다.

국내에서는 국민권익위원회가 공공기관 반부패 정책의 집행기관으로 매년 700여개 공공기관의 청렴도를 측정하여 조사결과를 공개한다. 공직자·언론인·학자·시민단체 관계자 등 약 25만명이 참여하는 청렴도 측정제도를 운영하고 있으나, 정부부처를 비롯한 핵심 공공기관의 부실한 부패정보 관리와 권한의 취약성(권고 수준)으로 인해 실효적인 부패관행 청산에 어려움을 겪고 있다고 한다.

청렴국가 1위를 달리는 뉴질랜드의 경우, 정부·의회로부터 독립된 반부패기관인 '중대비리청(SFO)'을 통해 강력한 권한으로 '부패에 대한 무관용(Zero Tolerance) 정책'을 실시하고 있다. 부패 공직자에 대한 철저한 정보공개제도를 운영하는 덴마크, 부패 범죄자에 대한 높은 처벌강도를 유지하는 싱가포르, 합리적인 규제와 예방교육을 가진 독일 등 청렴국가 상위권에 있는 대부분의 국가들은 '신속·정확·단호·공평'을 위한 법·제도적 부패방지시스템의 운영기반이라는 공통점을 갖고 있다.

정파적 이해관계와 정권의 향배에 따라 오락가락하는 '고위공직자 수사비리처법'으로 몸살을 앓는 상황을 고려할 때, "독립성이 보장된 강력한 권한의 제도화가 반부패의 출발"이라는 청렴 선진국의 사례를 살펴볼 필요가 있다. 공수처를 둘러싼 사회적 논쟁의 이면에는 '권력놀음으로 변질되었던 반부패정책과 사정(査正)'이라는 기형적인 제도운영에 대한 국민적 불신이 자리잡고 있다.

섹션 2. 반부패정책과 사정작업의 정치화

앞서 얘기했던 뉴질랜드와 싱가포르의 反부패기관이 추진했던 '성역 없는 수사'를 먼저 살펴보자.

먼저 싱가포르는 세계 청렴도 국가 순위에서 항상 3위에 드는 '깨끗한 나라'로 알려져 있다. 이런 청렴국가 이미지에는 권력자의 강력한 反부패 의지와 함께 '부패에 대한 무관용 원칙'을 견지하는 부패행위조사국(CPIB)라는 별도의 기관이 큰 역할을 하고 있다.

1952년에 설립된 부패행위조사국은 총리 직속 기관이지만, 지위고하를 막론하고 부패에 대해서는 즉각적이고 강력한 조치를 취하는 반부패기관으로 유명하다.

실례로 1986년 당시 강력한 통치권을 가졌던 리콴유(李光耀) 수상의 최측근에게서 뇌물수수 혐의가 드러나자 "제 아무리 측근이고 건국에 공이 많다고 하더라도 부패는 용납되지 않는다"는 수상의 의지에 따라 구속수사가 진행되었고, 부패범죄자인 최측근은 감옥에서 자살하였다. 부패행위조사국은 수사과정에서 싱가포르 정치권력의 개입을 일체 용납하지 않고, 조사권과 압수수색권·체포권 외에도 검찰총장의 지시 없이도 수사관련 모든 권한을 행사하고 있다.

한편 뉴질랜드의 중대비리조사청(SFO)은 정부와 의회로부터 독립된 권한을 가지고 위법 행위자뿐만 아니라 수사와 관련이 있다고 판단되는 사람들에 대해 문서제출·정보제공·답변 요구권을 행사할 수 있다. 법원의 영장 없이도 피의자나 민간기관 등 광범위한 대상에 대해 조사협력을 요청할 수 있다고 한다.

뉴질랜드는 의원내각제를 채택하고 있는 민주주의 국가임에도 반부패기관에 대해 강력한 권한을 부여하는 이유는 '권력의 개입이나 정파적 이익을 반영하지 않는 엄격한 법 집행과 제도 완비'를 통해 강력한 반부패 정책을 추진하기 위해서이다. 중대비리조사청에 대한 정치적 통제나 지침은 일체 없으며 수사결정 또한 관리층 지시 없이 이뤄진다고 한다. 이러한 반부패기관의 엄정한 법집행과 제도 그리고 국민적 신뢰가 '청렴국가 세계 1위'를 달리는 원동력이 되었던 것이다.

그렇다면, 우리나라의 현실은 어떤가? 역대 정권이 모두 '부정부패 근절'을 목표로 내세웠지만, 정치권력의 이해관계가 반영되는 반부패정책으로 조변석개(朝變夕改)식 사정(査正)의 폐해만 남겼다. 부패혐의가 권력의 판단에 따라 '가혹한 집행'의 된서리를 맞기도 하고, 똑같은 혐의에 대해서는 '봐주기와 덮어주기'가 난무하는 웃지 못할 촌극(寸劇)이 다반사로 일어나는 것이 반부패 사정드라이브의 슬픈 단면이었다.

대통령과 청와대가 사정기관에 직접 지시를 내리고, 권력의 의중이 담긴 '가이드라인'을 제시하는 행태는 우리에게 익숙한 반부패 사정작업의 풍경이 아니던가. 대통령이 의장을 맡고 법무·국방장관·감사원장·국가정보원장·검찰총장·경찰청장 등 권력의 실세들이 포진한 '반부패 관계기관협의회'가 대통령의 하명(下命)을 수행하는 민정수석실의 지휘·통제에서 자유롭지 못함은 모두가 아는 사실이다.

그러다보니 정권마다 벌이는 '반부패 사정작업'에 대한 국민적 신뢰는 찾아보기 어렵고, 오히려 "사정은 무슨 사정? 정권이 어려우니 한바탕 쇼를 하는구나"라는 비아냥을 받기 일쑤이다. 정권마다 출범 초기나 위기가 닥칠 때면, 청와대의 진두지휘로 권력의 의도와 목표에 맞춘 수사계획에 따라 검찰이 칼춤을 추었던 것이 반부패의 현실이었던 것이다.

국민권익위원회라는 반부패기관의 위상을 강화하고, 권력의 힘이 수시로 개입하는 '고도로 정치화된 반부패정책'의 위선을 과감하게 벗겨내야 한다. 국민권익위원회가 권고하는 '부패정보 공개'에 대해 4대 사정기관(대검찰청·경찰청·국세청·공정거래위원회)이 가장 소극적 태도로 일관하는 이유도 정치권력 중심의 '카르텔형 반부패의 정치화'에 대한 잘못된 관행과 익숙함이 있기 때문이다.

반부패를 위한 법·제도적 기반을 아무리 촘촘하게 만들었다 하더라도, 결국 권력의 힘과 개입에 굴종하는 반부패기관의 행태가 지속되는 한 공염불에 불과하다. 반부패정책과 사정(査正)의 정치화야말로 '반부패 망령'의 최정점을 이루고 있기 때문이다. 권력의 정치적 필요에 따라 진행되는 '선별적, 편파적, 편의적인 법 집행'이 바로 반부패의 주적(主敵)이다.

독재형	족벌형	시장로비형	엘리트 카르텔형
중국, 인도네시아 등	러시아, 필리핀 등	미국, 영국 캐나다 등	한국, 이탈리아 등

〈그림 17〉 부패의 4가지 유형(미국 콜게이트 대학교 마이클 존스턴 교수), KBS1 명견만리

섹션 3. 늘어나는 민간영역 부패

세계은행(WB)에 따르면 매년 약 1,100조원 이상의 돈이 뇌물로 사용되고 있고, 50%에 이르는 기업과 조직들이 사업 확보·유지를 위해 뇌물을 제공하고 있다고 분석하고 있다. 국제사회의 반부패 노력에도 불구하고 뇌물사건과 스캔들이 지속적으로 발생하면서 세계 각국은 민간영역을 포함한 부패범죄에 대한 법안을 보완하고 강화하고 있다.

경찰청 자료에 따르면, 2017년 기준으로 민간영역의 부패범죄가 공직영역의 부패범죄보다 7배나 많이 발생하고 있다고 한다. 민간 부패범죄가 노무현 정부 당시 늘어난 이후 지속적으로 상승세를 보이다가 박근혜 정부 후반부터 감소세로 돌아서기는 했으나, '돈에 직접적으로 개입하지 않으면서 부패를 저지르는' 지능형 부패범죄는 줄어들지 않고 있다.

미국 콜게이트 대학 마이클 존스턴 교수는 "한국의 부패 유형은

엘리트 카르텔형"이라고 진단하고, "엘리트 카르텔형은 인맥을 중시하는 사회에서 나타나는 부패 유형으로 사회 각 분야에서 엘리트들이 학연·지연 등으로 뭉쳐 권력유지 기반을 만들고, 부패를 통해 이익을 추구한다"고 규정하였다. 엘리트 카르텔의 완고한 저항으로 인해 부패가 감소하지 않고, 관련 법·제도를 만드는 국회와 법을 집행하는 정부·검찰·경찰, 사법적 판단을 내리는 사법부 등이 민간 카르텔과 연계되면서 부패범죄가 확산되는 추세라는 비관적 진단이다. 즉 "많이 배운 놈(?)들이 조직적으로 뭉쳐 국민을 등쳐 먹는다"는 부패범죄가 바로 '엘리트 카르텔형'이다.

민관(民官)의 엘리트 카르텔이 '끼리끼리 문화'를 형성하고, 그들만의 그룹 형성을 통해 정보와 자리를 독점하여 사욕(私慾)을 취하는 행태는 우리사회에서 그리 낯선 풍경이 아니다. 이런 엘리트 카르텔은 부정부패를 양산하는 고리의 핵심을 이루면서 최근 사회문제가 되고 있는 '갑질 문화'의 원인이 되기도 한다. 국제표준화기구(ISO)에서 조직의 부패와 뇌물방지, 공정경쟁을 위해 제정한 'ISO 37001(반부패경영시스템 국제표준)'을 통해 부패·뇌물 위험에 대한 합리적인 방침과 절차·통제 실행을 위한 요구사항을 명시하고 있지만, 한국투명성기구가 진행한 '한국기업 정보공개투명성 조사결과'에서는 글로벌 대기업에 비해 한국 기업들의 반부패

프로그램 분야가 낮은 점수를 기록하고 있는 것으로 분석되었다.

김영란법(法)으로 불리는 '부정청탁 및 금품 등 수수의 금지에 관한 법률'이 실핏줄처럼 형성된 권력형 부패와 엘리트 카르텔을 정조준하고 있지만, 정작 늘어나는 민간부패에 대해서는 "민간적용은 과잉이다"는 저항으로 주춤하고 있는 상황이다. 유엔 부패방지협약은 민간 부문 부패에 대해서도 민사·행정·형사상 제재를 강조하고 있고, 영국이나 싱가포르는 뇌물방지법과 부패방지법을 공공부문은 물론 전체 민간 영역에까지 엄격하게 적용하고 있다.

공직자 부패범죄에 집중되고 있는 법·제도를 개선하여 강화하고, 적용의 방향을 민간영역의 부패범죄로 확대할 필요가 있다. 시장 자율성의 개방형 경제체제에서 일어나는 민간영역의 부패범죄에 대한 대응역량을 강화하고, '부패 사각지대'가 없는 청렴한 사회문화의 정착이 시급한 과제로 부각되고 있다.

지금까지 우리 사회가 안고 있는 '부패범죄'를 다뤄 보았다. 고금(古今)을 막론하고 부패는 공공적 재원에 대한 정책 결정과정을 왜곡하고, 사회적 신뢰와 활력을 떨어뜨리는 공동체의 해악(害惡)이다. 또한 부정부패는 공직사회에만 해당되는 것이 아니라, 민간기업과 조직의 분식회계나 뇌물 수수와 공금횡령에 이르기까지 다양한 탈·불법의 수단을 통한 사적 이익 추구로 확대되고 있다.

연구조사에 의하면, 행복지수가 높은 국가일수록 '부패지수'가 낮다고 한다. 물론 행복지수가 그 나라의 경제규모와 1인당 GDP와 비례하지는 않지만, 엘리트 간 카르텔로 특혜가 만연하고 반칙이 횡행하는 부패사회에서 시민의 삶이 과연 행복하다고 할 수 있을까. 더구나 부패한 정치인과 공직자들이 '위임받는 권력'을 오·남용하고 불법과 갑질을 일삼는다면, '정의로운 행복국가'의 길은 요원하다.

"나라를 망하게 하는 것은 외침(外侵)이 아니라, 공직자의 부정부패에 의한 민심의 이반(離反)이다"는 다산(茶山)의 쩌렁쩌렁한 목소리와 함께, 기차는 네 번째 정차역을 향해 달리고 있다.

다산이 유배를 마치고 고향으로 돌아가기 직전 새긴 정석

4. 네번째 정차역(停車驛),
힘의 논리와 흔들리는 안보 · 국방

기차가 들어선 네 번째 역(驛)은 인적(人跡)이 끊겨 '퇴락한 전설(傳說)'을 품은 듯한 낡은 역사(驛舍)였다. "승자는 역사를 만들고, 패자는 전설을 만든다"는 영화의 명대사가 자연스레 떠오르는 풍경이다. 맹신(盲信)과 불신(不信), 편견(偏見)과 맹견(盲見)으로 상대를 사정없이 몰아붙이는 단절과 갈등만이 '떠도는 바람'마냥 휑하니 맴돌고 있었다.

평화(平和)에 대한 맹목적인 낙관을 강요하고, 짙은 인민복을 입고 뒤뚱거리는 젊은 사내의 몸짓과 말 한마디에 "평화를 위해 무조건 믿어라"고 외쳐대는 위정자(爲政者)의 요란한 스피커 소리만 텅빈 역전(驛前)광장에 울리고 있었다. 다문화 시대와 어울리지 않는 낡은 구호인 "우리민족끼리"가 주는 감정적인 관제 민족주의의 어설픈 광풍이 몰아치고 있다. "Si Vis Pacem, Para Bellum! (평화를 원하거든 전쟁을 준비하라)"는 로마전략가 베게티우스의 말이 무색한 역전(驛前) 풍경이다.

조선 후기 무신(武臣) 이중협이 저자로 알려졌던 '조선판(版) 국방백서'인 비어고(備禦考)가 실제로는 다산(茶山)일 가능성이 높다는 연구결과가 나온 바 있다. 비어고(備禦考)를 연구했던 한양대 정민 교수는 "비어고(備禦考)를 보면 송풍암(松風菴)이라는 저자가 편집했다는 기록이 있는데, 송풍암은 다산이 자주 사용한 별칭 중 하나"라고 지적하고, "책에 군사기밀을 다룬 내용이 많아 유배를 겪었던 다산이 현직 무관인 막역지우(莫逆之友)의 이름으로 낸 것으로 추정된다"고 밝혔다.

또한 다산(茶山)의 저서 '경세유표(經世遺表)'에 "비어고(備禦考)는 내가 쓴 책이다. 동방의 전쟁을 모아서 한 책으로 만들고, 관방(關防, 국경요새)과 기용(器用, 무기사용법)에 관한 여러 주장을 살폈으며, 군사제도의 연혁을 밝혔다"고 하였다. 연구학자 정민 교수는 "동북아 분쟁은 유사 이래 계속되었기 때문에 다산은 이에 대한 방어와 방책이 가장 중요하다고 바라봤던 것"이라고 강조했다.

자, 그렇다면 다산(茶山)이 실제 저자로 알려진 '비어고(備禦考)'는 어떤 내용의 책일까?

군사·안보 문제 관련 저서를 모두 모아 집대성하려는 시도를 보여주었으나, 완성본은 아닌 듯하다고 한다. 그러나 고려 말기부터 조선 중기까지 겪었던 외환(外患)과 내우(內憂)의 경위를 자세하게 기록하고 공격과 방어에 대한 결점과 장점을 분석하여 미비점을 보완할 것을 촉구하였다는 점에서 '조선후기의 군사전략을 담은 국방백서'라는 평가에는 이견이 없다.

다산(茶山)은 비록 문관(文官)출신이었지만, 목민심서(牧民心書)에서도 "군대를 백년 동안 쓰지 않을 수는 있지만, 하루라도 대비에 소홀해서는 안된다(兵可百年不用 不可一日無備)"라고 적을 만큼 국방과 군사문제에 대해서 남다른 관심과 식견을 가졌던 것으로 보인다. 다산(茶山)의 재능을 남달리 아꼈던 정조(正祖)도 과거에 응시하기 전이었던 성균관 유생(儒生) 다산(茶山)에게 병학통(兵學通)이란 병서(兵書)를 하사했다는 일화도 있다. 혹자는 실속 없는 문과(文科)에 응시하는 다산(茶山)을 무신(武臣)으로 꼬드기고자 했던 임금의 밑밥(?)이었다는 주장이 있을 만큼 국방분야에도 남다른 재능을 보였던 것 같다.

기록에 의하면, 다산(茶山)은 자신의 군사적 재능(將才)을 눈여겨 보았던 정조(正祖)의 기대에 사후(死後)라도 부응하듯 유배지에서도 국방관련 저술에 힘을 쏟았다고 한다. 관련 저작들에 포함된 군사기밀은 죄인 신분이었던 다산(茶山)에게 큰 고충일 수도 있었으나, '아방비어고(我邦備禦考)'와 같은 저술은 이후에 이중협과 제자 정주응의 이름으로 각각 '비어고(備禦考)'와 '미산총서(眉山叢書)'라는 군사서적으로 간행되었다. '비어고(備禦考)'는 일본을 대상으로 한 군사전략이라면, '미산총서(眉山叢書)'는 청나라를 염두에 둔 군사관련 책이다.

다산(茶山)의 천재성에 다시한번 놀라움을 금치 못하면서, 유배지의 척박한 환경에서도 당시 동북아 안보지형의 불확실성을 예측하고 군사적 대비책을 분석하고 저술한 선견지명(先見之明)에 탄복을 금할 수 없다. 다산 사후(死後) 50년 만에 청일(淸日)전쟁이 일어나고 동북아 안보지형이 '조선 패망'을 향해 출렁였음을 상기할 때, 놀라운 규모와 세밀함을 갖추었던 '국방전략 종합보고서'에 담겨있던 다산(茶山)의 유비무환(有備無患)이 시리도록 아프게 다가온다.

분단 70년이 지난 오늘, 같은 민족이 155마일 휴전선을 두고 무력(武力)으로 대치하는 가슴 아픈 현실에서 '안보(安保)'와 '국방(國防)'이 가지는 의미를 새롭게 살펴야 한다. 특히 북핵(北核)과 미중(美中) 분쟁을 둘러싼 동북아 군비경쟁의 틈바구니에서 자유민주주의의 정통성을 지켜내고, 동북아 신냉전(新冷戰)에 대한 전략적 대비를 지혜롭게 추진해야 할 때이다.

이제부터 갈수록 높아지는 동북아 안보지형의 흐름 속에서 과연 우리의 위기요인(危機要因)은 무엇인지 살펴보고자 한다.

상황 1. 동북아에 밀어닥친 '차가운 평화' 신냉전(新冷戰)

미국의 '인도·태평양 전략'과 중국의 '일대일로(一帶一路)'가 아시아를 무대로 양보 없는 각축을 벌이고 있다. 특히 동북아의 불확실한 정세가 높아지면서 급속한 군비경쟁을 촉발하는 '신냉전(新冷戰)' 구도가 심화되고 있다. 미국은 중국과 러시아의 영향력 확대를 견제하고, 역내(域內) 동맹국에 대한 안보위협에 대응하기 위해 군사적 협력체제를 강화하고 있다. 이에 반해 중국은 미국의 대중(對中) 압박·포위전략에 대한 대응으로 '육상과 해상 주도권 장악을 위한 일대일로(一帶一路)'라는 국가전략을 적극적으로 추진하고 있다. 일본과 러시아도 자국 우선주의에 따른 협력과 견제를 강화하면서 동북아 안보지형의 불확실성과 불안정성이 크게 높아졌다.

미중 간 관세·무역전쟁으로 더욱 격화되고 있는 동북아 신냉전 구도는 일본과 러시아를 포함한 주변 4강의 군사·안보전략에 막대한 영향을 미치면서, 군비(軍備)를 둘러싼 경쟁구도를 고조시키

동북아 신냉전과 고조되는 군비경쟁

고 한반도 안보상황과 평화체제 구축에서도 전략적 딜레마를 조성하고 있다. 특히 북핵(北核)과 중국을 비롯한 주변국의 위협까지 동시 대응해야 하는 안보·국방전략의 필요성이 높아지고 있다는 것이다.

군사굴기(軍事屈起)를 통한 패권확대를 노리는 중국의 군비증강에도 불구하고 현재까지는 미국의 군사적 우위가 유지되고 있지만, 중국·일본 러시아의 경쟁적인 군비증강은 한반도를 비롯한 동북아·아시아 전역에서 상호 간 이익충돌의 가능성을 점차 높이고 있다는 것이 문제이다. 해군 전력을 중심으로 한 중국의 군사적 팽창에 맞서 일본은 헌법해석·변경을 통해 자위대 역할을 확대하고 항모(航母)와 핵잠수함 개발 등 군비확충에 막대한 예산을 투입하고 있다.

이렇게 힘의 논리가 경쟁적으로 펼쳐질수록 우리나라의 전략적 입지는 갈수록 축소될 것이란 전망이 지배적이다. 북핵(北核)을 둘러싼 북미 간 협상이 본 궤도에 오르고, 북한과 중국의 협력구조를 통한 협상전략이 지속될수록 우리의 외교안보전략이 취할 수 있는 선택지는 좁아질 수밖에 없다. 이러한 외교안보 환경 속에서 밀어닥친 '동북아 신냉전과 군비경쟁'은 현재 우리가 중점적으로 추진해야 하는 국가전략의 방향과 핵심과제가 무엇인지 가늠케 하고 있다.

미 국	· 블라디보스톡 인근, 첫 '항해의 자유' 작전(2018. 12월) · 오키나와, 고속기동용 포병로켓시스템 전개 훈련(2019) · 우주군 창설 추진(2020)
중 국	· 남중국해 스프레들리 인공섬, 순항·지대공 미사일 배치 (2018) · MD 무력화 위한 극초음속 미사일 '심쿵 2호' 실험 성공 (2018) · 남중국해, 무인기지 건설하는 '하데스 프로젝트' 개시 (2018)
러시아	· 중국과 합동 극동 군사훈련 (2018) · MD 무력화하는 극초음속 순항미사일 아방가르도 시험발사 성공 (2018)
일 본	· 자위대 합헌화, 항공모함 첫 구축 시도(2019) · 중국·러시아 극초음속 미사일 방어 레이더 배치 검토(2019)

〈그림 18〉 주변 4강 안보지형 현황

역내(域內) 안보지형의 유동성은 갈수록 높아질 것이다. 군사적 우위를 확보하고 있는 미국 외에 중국·일본·러시아 등 한반도 문제에 대한 직간접적 이해관계를 갖고 있는 주변국들이 '차가운 평

중 국	■ 2018년 국방비 2076억 달러 , 국방예산 증가 가속화 (2019년 7.5% 증액, 역대 최고 기록) ■ 중거리 핵 증강 및 항모(航母) 건조, 우주전쟁 대비 등 '강군몽(强軍夢)' 박차
일 본	■ 새로운 방위력 정비지침인 '방위계획 대강' 마련(2018년) ■ 구체적 무기조달 계획을 담은 ' 증기 방위력 정비계획(2019~2023) 결정 ■ 향후 5년간 방위비로 27조 4700어거엔 투입 (일본 역사상 최대 규모)
러시아	■ 방위력 향상 및 무기 현대화를 초점, 舊소련 붕괴 이후 가장 활발한 군사력 증강 추진

〈그림 19〉 중국·일본·러시아의 군비증강 계획

화' 신냉전 체제에 대비하여 군비증강에 박차를 가하고 있다. 그럼에도 불구하고 '평화체제를 위한 군축(軍縮)'의 함정에 빠진 우리의 안보·국방전략을 어떻게 받아 들여야 할까.

2017년에 발표된 미국의 '국가안보전략서'는 중국과 러시아를 "미국에 도전하는 수정주의 세력"으로 평가하고, "중국에 의한 남중국해 도서(島嶼)의 군사화와 지정학적 도전은 중요한 안보위협"으로 지적하면서 동북아·남중국해를 잇는 해양에서의 군사훈련을 지속적으로 강화하고 있다. 또한 중국은 "아시아·태평양 지역에서의 미국 군사력 강화와 동맹체제는 우려사항"이라고 지적하고, "종전의 대륙지향적 전략에서 벗어난 해양전략의 강화"를 국방정책의 주요 과제로 설정하였다. 이러한 미중 간 군사적 긴장상태는 일본·러시아의 군비경쟁을 촉발하면서 한반도 비핵화(非核化)와 평화체제의 불안정성을 높이고 있는 실정이다.

동북아에 국한된 한미동맹에 비해 '미일동맹'은 인도-태평양 전체로 확대되고 있는 상황이다. 미국은 인도-태평양을 가장 우선순위가 높은 전구(戰區)로 설정하고, 전략자산 및 동맹체제의 운용에서도 일본의 역할을 높이고 있다. 우리에게 있어서 남중국해와 인도양은 한국경제의 사활이 걸린 에너지·수출입 상품의 가장 중요한 통로라는 점에서 먼 나라의 얘기가 아니다. 미국과 일본 중심의 인도-태평양 전략체제에서 '한국 소외현상'이 언론에 심심찮게 등장하는 현재의 외교안보 상황은 많은 시사점을 안겨 주고 있다.

대북정책에 매몰된 문재인 정부의 외교안보 전략을 감안할 때, "주변국 4강 외교는 사실상 실패했다"는 평가를 딛고 문 정부의 편향된 정세인식과 정책 딜레마를 풀어내는 전환점을 어떻게 마련할 것인가. 신남방(新南方, 아세안 대상)·신북방(新北方, 러시아 등 대륙대상)를 통한 외교 다변화 정책으로 미·일 주도의 인도-태평양 전략체제와 동북아 군비경쟁의 파고를 과연 효과적으로 넘어설 수 있을 것인지 수많은 의문점과 우려를 남기고 있다.

미중 패권구도와 일본·러시아의 군비증강을 통한 주변국가들의 전략적 경쟁이 치열해지면서 한반도를 비롯한 동북아 지역은 군사적 긴장이 고조되고 있다. 이로 인해 각종 첨단 전략무기가 앞다퉈 집결하고 상호간 무력시위도 늘어나고 있다. 한반도 주변지역에만 전세계 군사력의 절반이 집결하고 있다는 분석도 나오고 있다.

이러한 군사력 집결의 배경에는 ① '힘을 통한 평화' 정책과 동맹국과의 결속을 토대로 중국의 부상을 견제하는 미국 ② 미국과의 '신형(新型) 대국관계'를 내세우며 지역 패권을 확보하려는 중국 ③ 중국과의 전략적 동반자 관계를 유지하며 역내(域內) 영향력을 회복하려는 러시아 ④ 북한과 중국의 위협을 명분 삼아 독자적

구분	미국	중국	러시아	일본	한국	북한
총병력	138만	233만	79만 8천	24만 7천	62만5천	128만
전차	6331대	6613대	2만 450대	687대	2400대	4300대
전투기	2846대	1814대	944대	348대	410대	810대
폭격기	157대	120대	139대	–	–	–
항공모함	11척	2척	1척	–	–	–
잠수함(공격함)	57척	61척	49척	18척	16척	70척
전략핵잠수함	14척	4척	13척	–	–	–
핵탄두 수	6300개	270개	7000개	–	–	60개

〈그림 20〉 한반도 주변국 군사력 현황 (2017년)

자위권을 강화하려는 일본 등 동북아 이해당사국들의 정세인식이 크게 작용하고 있다.

단순한 재래식 무기와 탄도미사일을 통한 도발이 아닌 '직접적인 북핵(北核)의 위협'이 현실화되는 상황에서 남북간 '9.19 군사합의'에 따른 군축(軍縮) 가능성이 높아지면서 국방개혁의 동력이 약화되는 징후가 곳곳에서 감지되고 있다. 게다가 북한의 실질적인 위협이 감소되지도 않았는데, 문재인 정부의 국방개혁은 병력감축과 부대축소, 사병 복무기간 단축 등 군사력·숙련도를 저하시키는 방향으로 추진하고 있다는 비판이 늘어나고 있다.

또한 '9.19 군사합의'에 대한 상호간 성실 이행의 조건이 제대로 확보되지도 않은 상황에서 남한만의 일방적인 군축 가능성은 동북아 안보지형의 급변과 군사적 팽창주의라는 시류에도 역행하고 있다는 지적이다. "비핵화 논의가 진전되면 남북 군사회담을 통해 군축(軍縮)을 논의할 수 있다"는 문재인 대통령의 '평화 군축 구상'은 국방개혁을 통한 강군(强軍)을 육성하겠다는 국방정책의 기본 취지를 무너뜨리고, 군사지형의 급변으로 출렁이는 동북아 안보질서에서 '미아(迷兒)'로 전락할 우려를 높이고 있다.

국민적 합의가 없는 상태에서 일방적으로 추진된 '9.19 남북 군사합의'가 "대한민국 안보·무장해제의 첫 단추"라는 주장이 단순

일방적인 병력감축	■ 육군 48만 3,000명 → 36만 5,000명, 북한 33% 수준 ■ 평화체제 및 군축협상 대비, 최전방 사단 감축 및 GP 철수 (비무장지대 부근90~100여개 군부대 신축공사 잠정 보류)
소요예산 확정 미지수	■ 향후 5년간 약 270조원 소요 예상, 구체적인 재원조달 계획 부재
형식적 군구조 개편	■ 전투력 증강·확대보다 전작권 환수, 병력 감축 등 목표 달성을 위한 구조개편 ■ 조직효율화·합동성 강화라는 개혁 목표와 거리가 먼 '반쪽짜리 개편'
공세적 작전계획 부재	■ 북한의 평화공세에 공조, 국방력 약화를 초래할 국방 개악 ■ 북핵(北核) 대응을 위한 미래합동작전 개념 미정립 ■ 입체기동부대와 전략사령부 창설계획 백지화 및 무기·장비 사업 지연

〈그림 21〉 문재인 정부의 '국방개혁 2.0' 문제점

히 이념적 대결구도의 반대편에 선 정치세력이 가지는 기우(杞憂)에 불과한 것일까. '평화와 번영의 대한민국을 지키는 강한 군대 육성'이라는 화려한 미사여구에 가려진 '국방개혁의 표류'를 어떻게 받아들여야 할까. 문재인 정부 들어 발생하는 사면초가의 외교력, 하루가 다르게 악화되는 경제상황과 함께 우리는 삼중고(三重苦)의 위기상황으로 내몰리고 있다.

군사전문가들은 "문재인 정부의 국방개혁은 군사적 관점이 아닌 정치·진영논리로 일관하고 있고, 북한의 변화에 대한 장기적인 국방개혁의 과제설정이 없다"고 비판하고 있다. 지금까지도 미완

성의 국방개혁안을 들고 '강군(强軍) 육성'을 강변하는 문재인 정부의 반쪽짜리 국방계획을 어떻게 봐야 할까.

겉으로는 "국방개혁을 통한 강한 군대 육성"을 말하지만, 단계적 군축을 포함한 포괄적인 군사문제의 내용이 담긴 '4.27 판문점선언'과 '9.19 군사합의'가 현실화되면서 "편협한 이념으로 길을 잃은 자주국방"의 현주소가 드러나고 있다. 상시적인 국가의 위기대응 능력을 높이는 문제는 지금 우리 시대의 절박한 과제로 다가서고 있다.

상황 3. 한미동맹 약화, 졸속적인 전시작전권 환수

국가와 국가 간의 동맹(同盟)은 외부의 위협에 대한 공동 대응으로 상호 이익이 있다고 판단될 때 체결된다. 즉 공동의 적(敵)에 대한 군사적 대응을 기본으로 정치·경제·사회 등 여러 분야를 포괄하는 협력체제를 의미한다. 냉혹한 국제정치의 현실에서 위협과 상호이익의 종류와 강도(强度)에 따라 다양한 형태의 동맹관계가 형성되는데, 방위조약·중립조약·불가침조약·협상 등 이다.

냉전(冷戰)시대에는 자본주의·사회주의라는 이념적 블록에 의해 동맹관계가 형성되었으나, 소련을 비롯한 사회주의권이 붕괴되

반미시위와 휘청대는 한미동맹

면서 형성된 탈냉전(脫冷戰) 이후 균형·상호견제·상호경쟁·대결 등 다양한 요인에 의해 국가 간 동맹관계는 복잡다양하게 전개되어 왔다. 그러나 신냉전(新冷戰) 기류에 따른 새로운 안보지형으로 전 세계 패권을 장악하고 있는 '미국과의 관계'를 중심으로 블록형 동맹이 형성되고 있다. 미국이 주도하는 인도-태평양 전략체제가 대표적이다. 특히 한미동맹은 단순한 국가 간 동맹 차원을 넘어 미국 주도의 인도-태평양 전략체제의 주요한 축으로 작용한다.

문재인 정부가 출범한 이후 '한미동맹 위기론'이 끊임없이 제기되고 있다. 외골수 대북정책을 중심으로 '자주외교(自主外交)'를 표방하고, 미중(美中) 양국에 대한 등거리 외교전략으로 인해 전통적인 한미동맹의 구조와 내용에 균열이 생기고 있다는 우려가 많다. 반미(反美)를 이념적 기반으로 했던 운동권 출신들이 문재인 정부의 핵심라인을 차지하면서, 일각에서 제기되었던 '한미동맹 위기론'은 상당한 설득력을 가지고 현실화되고 있다. 특히 한미 정상들이 펼치는 비핵화(非核化) 이벤트와는 별개로 미국이 주도하는 아시아 전략에 대한 '한국의 거리두기'는 양국 간 안보 신뢰성을 상당부분 훼손하고 있다. 이는 결국 한반도 안보환경에 악영향을 미친다는 우려가 높다.

한미동맹 위기론이 지속되는 상황에서 추진되는 '전시작전권 환수'는 역대 정부가 추진했던 자주국방 개혁안의 핵심 내용이었다. 노무현 정부에서 추진되었던 '전시작전권 환수'는 천안함·연평도 등 북한의 도발과 핵무기 실험으로 유보되었다가, '임기내 환수'를 목표로 추진하는 문재인 정부가 출범하면서 새로운 전환점을 맞이하고 있다.

1994년 평시(平時) 작전통제권이 환수된 이후 전시작전통제권에 대한 한미간 실무협의가 꾸준하게 진행되었으나, 동북아 안보환경·북한 동향 외에도 '조기환수'와 '속도조절'을 둘러싼 팽팽한 국내의 찬반여론으로 유보·연기를 거듭했던 것이다. 약 65만명의 한국군과 약 3만명의 주한미군이 1978년 창설된 한미연합사령부를 중심으로 연합지휘체계를 이루고 있는데, 전시작전권 환수문제는 단순한 지휘권의 인수문제에 그치지 않고 외교안보는 물론 '정

구분	논의시기	주요 특징
노무현	2007년	2012년 4월 17일 전작권 전환 합의
이명박	2010년	북 도발과 핵위협으로 2015.12.1로 전환연기
박근혜	2014년	조건 성숙 이후 환수(2020년대 중반 환수 입장)
문재인	2017년	임기 내 환수 입장

〈그림 22〉 정부별 전작권 환수 입장

치적 동맹'의 문제로 확대되고 있다. 특히 현재 추진되고 있는 미국의 아시아 전략에 연계되는 국가이익의 핵심요인으로 자리잡고 있다.

국가 간 상호방위조약이나 군사협정은 주권국의 행위문제이나, 국가 이익이라는 대전제 위에서 냉철하고 이성적인 판단이 요구된다. '반미자주(反美自主)'라는 감성적인 구호나 폐쇄적인 민족주의로는 동북아 신냉전(新冷戰) 안보지형에서 사활적인 국가이익을 지킬 수 없다. 주변 4강이 경쟁적으로 추진하는 군비증강에는 재래식 전력보다 '첨단기술의 전략자산'에 집중되고 있다는 점에서 전시작전권 문제에 대한 실리적인 속도조절이 필요하다는 지적이 많다.

전문가들은 동북아 지역에 대한 미국의 정보·전략자산과의 협력구조는 안정적인 안보환경을 유지하는데 매우 중요하다고 한다. 세계 최강의 미군(美軍)이 다른 국가의 지휘와 명령을 받은 사례가 없었다는 점도 '전시작전권 환수' 이후에 닥칠 한미(韓美) 연합방위체제의 미래를 어둡게 한다. 비록 한국군이 한미연합사(韓美聯合司)의 사령관을 맡는다고 하더라도 '군사동맹의 정서적 약화'는 중장기적으로 악영향을 미칠 것이 분명하다.

주권국가로서 '군사주권의 확보'는 지극히 당연하다. 그러나 국제정치·안보질서와 동북아 군비경쟁의 방향, 미래전(戰)을 대비한 국방전력의 준비상황 등 충족조건에 대한 면밀한 검토와 타산(打算)이 선행되어야 한다. 자칫 졸속적인 전시작전권 환수가 '군사동맹의 신뢰 상실'로 이어져 한미동맹의 위기 확산으로 이어질까 걱정된다. "미군(美軍) 없는 한국군은 주변에 별 위협을 주지 못하는 것이 엄연한 현실이고, 북한·중국·일본이 한국을 제칠 수도 있다"는 군사전문가의 경고에 귀 기울일 필요가 있다.

이제 기차는 마지막 정차역을 향해 달리고 있다.

다산의 집필도구, 다산박물관

5. 마지막 정차역(停車驛),
미래가 실종된 한국사회

다산(茶山)과 함께 달리던 기차는 마지막 정차역에 도착했다. 달리는 창가에 비치는 '우리의 현재'는 어떤 모습이었을까? 때로는 언제 끝날지 모를 긴 터널을 지나고, 때로는 깊은 골짜기를 굽이쳐 흐르는 강줄기의 굉음이 귓전을 울리기도 했다. 과거와 현재, 그리고 미래를 관통하는 가장 중요한 좌표는 '현재'라고 했던가.

다산(茶山)은 '경세유표(經世遺表)'에서 신아구방론(新我舊邦論)을 설파하였다. '묵은 나라를 새롭게 하라'는 신아구방(新我舊邦)을 통해 "새로운 나라를 만든다는 각오로 모든 법과 제도를 개혁해야 한다"고 말하고, 토지·세금·군사·행정 등 조선의 전 영역에 걸친 개혁방향과 대안(代案)을 제시했다. "진정한 권력의 주체는 위정자(爲政者)가 아니라 백성(民)이며, 위정자의 존재이유는 백성을 위함에 있다"는 애민(愛民)·민본주의(民本主義)를 기초로 구국(救國)과 구민(救民)을 위해 법과 제도의 폐습을 추방해 새로운 질서를 만들어야 한다는 개혁사상이었다. 많은 학자들은 다산(茶山)의 '신아구방론'은 오늘날 국가·사회 개혁을 고민하는 사람을 위한 중요한 지침서이며, 현재진행형의 개혁사상이라고 말한다.

지금 우리 국민들의 눈에는 '대한민국 공동체'가 더 이상 희망의 장소로 보이지 않는 모양이다. 하루가 멀다 하고 터져나오는 사회적 일탈현상이 늘어나고, 품격과 존중이라고는 찾아볼 수 없는 공격적인 언어들이 정치·사회적 공간을 가득 채우고 있다. 사회발전과 질적 전환을 위한 개방적인 토론과 상대에 대한 존중, 최선이 아니면 차선의 합의라도 끌어내는 원탁(圓卓)의 모델은 사라지고 '독점과 독선, 배제'를 통한 바리게이트 모델이 공동체의 위기를 만들고 있다.

한국사회에서 '미래(未來)'가 사라지고 있다. 적폐·개혁의 경계와 구분이 사라지고, 정치·사회·문화·역사에 대한 독점적 해석권(權)을 가진 '운동의 논리'가 기승을 부리고 있다. 이처럼 우리 사회에는 이분법의 도그마가 또 다른 폭력이 되어 개인과 집단의 성찰을 방해하고 미래를 짓누르고 있다. 모택동 어록을 들고 중국 전역을 광적인 도그마의 시대로 이끌었던 '홍위병의 망령'처럼 "적폐청산"이란 구령에 맞춰 과거를 향해 뒷걸음치는 '미래실종 사회'가 되어가고 있다. 과거의 사건·상처·폐단에만 몰두하여 '적폐'라는 모호한 두건을 씌어 유배지로 내모는 정파 이기주의적 칼춤이 난무하고 있다.

2018년경 국내에 투자하는 주한(駐韓) 민간기업 외국인 CEO를 대상(150명)으로 설문조사를 했는데, 70%가 넘는 응답자가 "투자 확대를 유보하거나 계획하고 있지 않다"고 대답했다. "한국사회와 언론들이 미래를 얘기하지 않고, 온통 과거 타령만 하고 있다"는 이유가 뒤따랐다. 한국인들이 국가의 미래를 어떻게 생각하고, 그 미래를 위해 어떤 정책을 추진할 것인지는 도무지 보이지 않는다고 응답한 것이다. 10년·30년·50년·100년도 더 지난 과거 역사에 대한 잘잘못만을 따지는 '투자 가치가 없는 퇴행사회'라는 얘기가 된다.

미래담론이 실종된 한국사회를 어떻게 볼 것인가? '묵은 나라를 새롭게 하는' 신아구방(新我舊邦)의 진화(進化)를 만들어 낼 수는 없는 것일까? 탐욕과 위선(僞善), 부정직성을 가린 정파적 이기주의를 내려놓고, 지금 우리 사회가 직면하고 있는 정치·사회·경제·문화의 주요 문제들이 무엇인지를 통찰할 수는 없는 것일까?

2016년 국민대통합위원회는 '한국형 사회갈등 실태 진단'이라는 연구보고서를 낸 바 있다. 위원회는 보고서를 통해 △불안을 넘어선 강박(强迫) △경쟁을 넘어선 고투(苦鬪) △피로를 넘어선 탈진(脫盡) △좌절을 넘어선 포기(抛棄) △격차를 넘어선 단절(斷絕)

△불만을 넘어선 원한(怨恨) △불신을 넘어선 반감(反感) △갈등을 넘어선 단죄(斷罪) 등 한국사회의 갈등유형을 8개로 분류하였다.

우리 사회의 소통단절과 공동체 분열에 대한 우려가 갈수록 높아지고, 사회·정치·경제·문화 등 모든 영역에서 갈등은 심화되고 있다. 세계 각국의 민간사회단체와 사회과학자들이 5년 간격으로 각 나라의 가치관을 분석하는 '세계가치관조사(WVS)'에서 "한국인은 OECD 국가 중 개인·집단 간 관용성과 존중이 가장 낮은 수준"이라는 결과가 나왔다. 이는 쪼개지고 분열된 사회에서 경제불안·일자리 감소·좁은 사회안전망 등 생존에 대한 위기의식과 불안이 타인에 대한 분노와 혐오로 표출될 가능성이 높다는 것을 의미한다.

이념적 진영논리로 선악(善惡)의 이분법에 빠진 한국사회의 표류를 보면서, 시대 흐름에 대한 통찰과 미래지향적 사고와 발상을 갖지 않고서는 우리사회가 안고 있는 핵심적인 문제해결에 접근할 수 없음을 느낀다. 마치 '미래는 이렇게 될 것이다'라는 종교적 예언에 가까운 정치논쟁이 아니라, 우리가 겪고 있는 현실에 대한 냉철한 성찰을 중심으로 공존과 상생의 사회적 논의가 진행되어야 한다.

우리가 직면한 현안과 정책에 대한 '생각의 차이'는 분노로 가득

찬 투쟁의 원인이 아니라 '인간다운 삶을 제약하는 현실을 어떻게 개선할 것인가'로 귀착하는 상생적 논쟁의 출발이 되어야 한다. 좌우(左右)의 적대적 관계로는 풀 수 없는 '미래의 불확실성'은 점차 높아지고, '국제사회의 불안정성'은 지정학적 안보환경을 결정하는 핵심요인으로 부상하고 있기 때문이다.

그리스의 희극작가 에피카르모스(Epicharmos)는 "손이 손을 씻는다"는 명언을 남겼다. 공동체의 존재이유와 생존가치마저 부정하는 이념적 교조주의에 묻힌 대한민국의 현실에서 '중요한 것은 손을 씻는 것이지, 그것이 왼손이냐 오른손이냐는 중요하지 않다'는 의미를 되새겨야 하지 않을까.

지금 우리가 직면한 과제는 '국가의 울타리를 튼튼하게 지키면서, 위기가 던지는 미래 과제를 어떻게 헤쳐나갈 것인가'라는 국가전략의 해답을 찾는 것이다. 다산(茶山)의 '신아구방(新我舊邦)'은 그 해답의 길을 밝혀주는 이정표가 될 것이다.

행복이 사라진 시대를 위하여

마지막 정차역에서 다산(茶山)과 나를 하차시킨 기차는 끝없이 펼쳐진 철길을 따라 무정하게 떠났다. 그다지 행복하지 않았던 풍경이 준 역설(逆說) 탓인지 우울한 고단함에 힘없이 걷는 나의 어깨를 감싸 쥐는 따뜻한 손길이 느껴졌다. "선생님, 힘드시지 않습니까?"라는 나의 물음에 "나는 자네보다 더 험한 야만의 시대, 절망만 보였던 사회를 살았던 사람이네"라는 대답이 돌아왔다.

나(정원동) 우리는 행복열차에 맞는 세상의 풍경을 보고자 했지만, 오히려 불행만을 찾아다닌 듯 합니다. 누구를 위한, 무엇을 위한 행복인지를 모르겠습니다. 진실은 더욱 모호해지고, 대안은 '손에 잡히지 않는 허상(虛想)'처럼 허전하기만 합니다.

다산(茶山) 우리가 본 것만을 생각하면 아무것도 할 수 없다네. 지금까지 본 문제에 대해 솔직하고 당당하게 다가서야 하네. 통찰(通察)이란 너저분한 지식의 결과가 아니라, 편견과 아집에 갇힌 사고의 착각으로부터 벗어나는 것이지. 행복이란 이름으로 달리는 철마(鐵馬)가 주는 역설의 함정에 빠지지 말고, 모든 백성을 위한 행복의 목덜미를 잡는 것이 무엇인지를 자각(自覺)하는 것이 더 중요하다네.

나(정원동) 맞습니다. 그리고 선생님과 함께 지나온 역(驛)은 극히 일부에 불과합니다. 수많은 역설(逆說)의 역(驛)들이 사방에 널려 있지요. 선생님이 유배라는 형벌의 길을 가시면서도 '개혁의 희망'을 놓지 않은 것도 통찰(通察)을 위한 끊임없는 자각(自覺)이 있었기 때문이군요.

다산(茶山) 유배지에 묶인 것은 볼품없는 내 몸뚱아리였을 뿐이네. 백성을 사랑하고 더 나은 나라를 위한 열정과 기개는 자유로운 사유(思惟)와 함께 세상을 거침없이 누비고 다녔지. 오히려 현실에 대한 외면과 비겁한 처세로 살아가는 오늘의 지식인(知識人)들이 편견과 아집, 그리고 독선의 유배지에 갇혀 있는게 아닐까?

나(정원동) 부끄럽습니다. 선생님께서는 유배지에서도 '신아구방(新我舊訪)'을 말씀하셨고, 지칠줄 모르는 공심(公心)으로 '혁신(革新)의 미래'를 말씀하셨습니다. 어디 그뿐입니까? 유배(流配)라는 불행 앞에서도 애민(愛民)의 실사구시(實事求是)로 다산사상(茶山思想)이란 위대한 업적을 남기지 않았습니까?

다산(茶山) 난 그저 시대를 솔직하게 살고 싶었다네. 유배지의 낡은 초당(草堂)마저도 호사(豪奢)로 느껴질 만큼, 관리들의 탐학(貪虐)으로 겪어야 했던 백성들의 궁핍과 질곡은 이루 말로

다 할 수 없었지. 쏟아지는 눈물을 삼키고 치솟아 오르는 분노를 억누르며, 애민(愛民)과 봉공(奉公)을 향해 붓을 들었다네.

나(정원동) 지금은 선생님이 살았던 시대와 비교할 수 없는 자유(自由)와 풍요(豊饒)을 누리고 있습니다. 게다가 선생님을 괴롭혔던 '종교(宗敎)'의 자유도 있습니다. 지난 200년동안 수많은 고난과 도전들이 있었지만, 기적(奇蹟)으로 불리는 엄청난 발전을 이룩했습니다. 그러나 선생님과 함께 지내온 역(驛)의 풍경들처럼, 우리 시대를 짓누르는 시대착오적인 폐단(弊端)과 현대판 '가렴주구(苛斂誅求)'는 여전히 살아있습니다. 사람들의 불만과 불안감은 갈수록 높아지고, 미래의 희망을 상실한 채 자신의 처지를 비관하고 있습니다. 수많은 정치인은 '행복'을 약속하지만, 마치 고장난 진공청소기처럼 당쟁(黨爭)으로 울리는 소음만 요란합니다.

다산(茶山) 우리는 항상 '이상향(理想鄕)'을 꿈꾸지만, 어느 시대에나 모순(矛盾)은 존재하고 그 모순에 따른 폐단과 폐습은 있기 마련이지. 상황과 시기에 따라 정도의 차이는 있겠지만, 그것이 개혁(改革)의 존재이유라네. "개혁은 개혁 자체가 어려운 것이 아니라, 개혁을 하지 않기 때문에 어려운 것이다"라는 말도 있지 않나. 자네 시대의 표현으로 말하면, 개혁에는 '솔로몬의 지혜'와 '헤라클레스의 힘'이 필요하지 않다네. 공존과 공생의 자세만 있으면 되네. 함께 고민해야 할 '위기와 갈등'을 두고, '어떻게 하면 상대를 악당(惡黨)으로 만들 것인가'에 골몰하는 "네 탓"으로는 아무것도 해결할 수 없음은 고금(古今)의 진리라네.

나 (정원동) 그렇습니다. 아무리 힘들더라도 문제의 근원을 객관적으로 들여다보는 '용기'가 필요합니다. 이념의 이름으로 서로를 질시하고 잔인하게 공격하는 '미련한 증오의 늪'으로는 미래를 향해 한발자국도 내딛을 수 없습니다. 누구를 위한 개혁인지, 무엇을 위한 정책인지를 성찰하는 새로운 각오가 필요합니다. 애민(愛民)과 공심(公心)을 향한 새로운 패러다임을 겸허하게 만들어야 하지 않겠습니까?

다산(茶山) 행복(幸福)은 모든 과정의 결과가 아니라네. 낡음을 벗어던지고 신아구방(新我舊邦)을 향한 진화(進化)의 과정이 바로 '행복'이라네. 우리가 철마(鐵馬)로 함께 달려온 그 길이 바로 '행복'으로 가는 성찰이었다고 생각하게. 첫술에 배부르지 않다지만, 갈증과 허기로 지친 사람은 '첫술'에도 배가 부른 법이지. 우리는 그 '첫술'을 함께 떴다네.

나(정원동) 잘 알겠습니다. 이제 저는 이 역사(驛舍)를 떠나, 제3부로 넘어가려고 합니다. 아마 제3부에서도 선생님의 지혜와 열정이 필요할 것 같습니다. 같이 해주시겠지요?

다산(茶山) 200년동안 자네들은 끊임없이 날 깨우고 재촉했네. 후손들이 공존(共存)과 조화로운 공생(共生)으로 더 나은 사회를 만들 수 있다면 무엇을 마다하겠나? 미래를 향한 개혁(改革)은 나의 영원한 의무이자 업보(業報)라네. 또 만나세.

나(정원동) 그럼 3부에서 다시 뵙겠습니다.

　나는 다산(茶山)과의 짧은 이별을 예고하고, 역사(驛舍)를 뒤로 한 채 제3부로 향하는 큰 길로 나섰다.

제 3 부

새로운 패러다임을 위한 서곡(序曲)

남한강과 북한강이 만나는 두물머리

21세기 한국사회의 핵심적인 불안요소는 저출산·고령화이다. 주요 선진국(일본에 비해 30년, 프랑스에 비해 135년)에 비해 출발은 늦었지만, 진행속도는 세계 최고 수준이다. 현재 추세대로 간다면, 2040년에는 65세 이상 인구가 32.5%가 되고 2050년에는 38.2%에 도달할 전망이다. UN은 65세 이상 노인비율이 20%대를 넘어서면 '초고령사회'로 분류한다. 2018년 현재 14.3%로 초고령사회로 과속 진입하고 있는 셈이다.

또한 한 사회의 현상유지를 위한 '적정합계 출산율'은 2.1명이라고 한다. 이 출산율마저도 2018년 0.98명으로 '인구절벽'을 가속화시키고 있다. 2019년부터 31.4만명의 사망자와 30.9만명의 출생자 예상으로 최초로 총인구가 감소하는 원년이 될 것이란 전망이 나오고 있다. 2055년에는 매년 약55만명의 인구감소가 예상된다고 한다. 지금과 같은 인구감소가 진행될 경우 2300년경 지구상에서 'KOREA'라는 나라는 사라진다는 영국 옥스퍼드 대학의 연구 결과도 나와 있다.

저출산·고령화는 생산인구 감소에 따른 경제 활력 저하 외에도 '지방소멸'이라는 새로운 문제를 양산하고 있다. 고용정보원의 '한국 지방소멸 보고서'에 의하면, 현재 229개 시·군·구 지방자치

단체 중 89개(39%)가 '소멸 위험'에 직면하고 있다고 한다. 사실상 비수도권의 모든 지역이 '소멸 주의' 단계에 진입했다는 것이다. 인구문제를 둘러싼 다양한 사회적 문제들이 미래사회를 끊임없이 위협하고 있음에도 국가 차원의 중장기 전략과 정책방향이 아직도 제자리를 못잡고 있는 것이 현실이다.

어디 저출산·고령화문제 뿐이겠는가? 우리 사회의 미래 생존기반을 위협하는 요인은 '불행하게도' 셀 수 없이 많다. 이념적 편협성과 극단적인 이기주의로 서로를 배척하는 정치사회적 상황이 지속될수록 위협요인은 증가할 수밖에 없다. 통합의 가치보다 적대적 명분에 집착하는 미련한 증오의 대립이 미래사회를 위한 사회적 연대와 협력을 방해하기 때문이다.

2300년경 저출산·고령화로 'KOREA'가 자연소멸되기도 전에 준비없는 '미래의 역습'으로 국가의 바람직한 생존이 과연 가능할 것인가에 대한 걱정이 앞선다. 200년전 초당(草堂)에 앉아 "이대로 가다가는 반드시 나라가 망한다"고 했던 다산(茶山)의 통탄에 화답하듯, 다산(茶山)이 세상을 떠난 74년 후에 일본의 식민지로 전락한 조선(朝鮮)의 운명처럼 말이다. 최근 만나는 사람마다 "지금 상황이 마치 구한말(舊韓末)을 보는 듯하다"는 말을 던질 때마다 등골이 서늘한 것은 섣부른 걱정일까.

지금 우리사회는 그 어느 때보다 중요한 시험대에 올라 있다. 인구절벽, 양극화, 미세먼지, 저성장 등 국내문제 외에도 북핵(北核)과 통일, 동북아 신냉전(新冷戰), 에너지 안보 등 산적한 대외문제로 몸살을 앓고 있다. 물론 인구문제와 경기침체, 양극화와 실업 등은 우리만의 문제는 아니다. 그러나 이를 둘러싼 우리사회의 갈등비용은 OECD 국가 중에서도 최상위를 차지할 만큼, 세대와 지역·계층을 초월해 광범위한 갈등적 불안요소들이 뿌리를 내리고 있다. 해방 이후 정신없이 달려온 외형적 성장 속에서 사회의 내적 갈등도 그만큼 깊어졌다는 것이다.

이제는 새로운 눈으로 세계를 보고, 새로운 패러다임으로 국가전략을 고민해야 한다. '우리는 왜 함께 사는가'라는 공존(共存)·공생(共生)의 가치에서 출발해 '혁신(革新)'이라는 새로운 눈으로 지금 우리가 직면하고 있는 문제들에 접근해야 한다. 늘 똑같은 식으로 행동하고 사고하는 방식으로는 '게임 체인지(Game Change)'로 들어간 세계사적 조류에 능동적으로 대처할 수 없다. 지금 우리는 이질적인 정보와 지식이 융·복합하는 '창조적 혁신의 시대'로 진입하고 있기 때문이다.

지금 우리에게는 서로를 향한 진정성과 깨어있는 소통이 필요할 때이다. 권위를 내세운 불통과 소수 중심의 폐쇄적 리더십으로는

2천여권의 책을 갖추고 목민심서 등 집필에 몰두했던 동암

미래사회를 위한 웅대한 비전과 전략을 담은 청사진을 만들어
낼 수 없다. 위기를 함께 헤치고, 변화를 향한 용기를 함께 만들
어가는 실천적인 소통만이 새로운 패러다임을 위한 디딤돌이다.
소통을 통해 우리 안에서 꿈틀거리는 지속가능한 창의성을 모아
내고, 서로의 차이에 대한 이해와 공감을 통해 새로운 도약을 만
들어야 할 때이다.

擁蔽不達(옹폐불달)　　　가로 막혀서 통하지 못하면

民情以鬱(민정이울)　　　백성의 심정은 답답하게 되는 것이니

使赴遡之民(사부소지민)　억울한 심정을 토로하려는 백성으로 하여금

如入父母之家(여입부모지가)　제 부모의 집에 들어온 것같이 해주어야만

斯良牧也(사량목야)　　　훌륭한 수령이라 할 수 있다

　　− 다산(茶山)의 '목민심서(牧民心書) 중에서 −

포퓰리즘(populism) 정치 다시보기

2019년 7월 그리스 국민들은 총선에서 '실용주의'를 표방한 중도우파 정권을 선택했다. 외신들은 "좌파 포퓰리즘 대신 시장주의를 선택했다"라고 진단했다. 또한 포르투갈 좌파 총리는 "지금까지 성취한 것을 모두 잃을 수 있는 포퓰리즘으로 나라를 망칠 수 없다"고 선언하고, 사퇴 배수진을 치고 "국가재정 상태를 외면해서는 안된다"고 호소했다고 한다. 심각한 재정적자에서도 포퓰리즘 정치로 일관했던 PIGS(포르투갈·이탈리아·그리스·스페인)국가들이 '포퓰리즘'이라는 정치적 쇼맨십이 주는 유혹의 단맛에서 벗어나기 시작했다는 의미다.

국가의 경제능력과 재정상황을 고려하지 않는 '퍼주기·생색내기형 포퓰리즘'은 정치가 국민을 상대로 건네는 '사회적 뇌물'이고, '미래를 담보로 한 빚'에 다름 아니다. 국가가 국민의 삶을 책임지는 것은 당연하나, 국민이 낸 세금으로 조성되는 재정능력을 넘어서는 포퓰리즘은 국가위기를 초래할 수밖에 없다.

2018년 유럽에서는 "이탈리아 재정적자로 인한 유로존의 위기"가 크게 화두가 된 적이 있었다. 이탈리아 정부가 포퓰리즘 정책을 추진하기 위해 재정적자를 대규모 확대하기로 결정하자, 독일·프랑스 등 유로존 국가들이 "유로존에서 두 번째로 부채가 많은 이탈리아의 무책임한 재정확대는 유로화 급락을 초래하는 위험천만한 정책"이라고 발끈하기도 했다. 이탈리아 정치세력들의 '돈키호테식 포퓰리즘 정책'은 어제 오늘의 일이 아니다. 한때는 경제규모에서 영국을 앞질러 세계 5위를 기록하고 프랑스보다 높은 성장률을 기록했던 이탈리아였으나, 지금은 PIGS의 일원으로 '유럽의 후진국'이라는 불명예를 안고 있다. 돈없고 대책없는 포퓰리즘의 질주가 '이탈리아의 국운(國運)'을 꺾어버린 것이다.

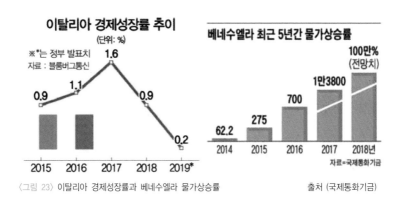

〈그림 23〉 이탈리아 경제성장률과 베네수엘라 물가상승률　　　　출처 (국제통화기금)

이제 '지옥이 따로 없는 베네수엘라의 포퓰리즘'은 낯설고 먼 나라의 얘기가 아니다. 2000년대 초반만 하더라도 국내 좌파 지식인들은 "베네수엘라를 보라. 차베스의 도전이 성공하고 있다"고 목소리를 높였다. 좌파 지식인들이 그토록 찬사를 보냈던 '자원민족주의'와 '직접민주주의'의 선봉장 차베스로부터 시작된 '퍼주기 포퓰리즘 정치'는 베네수엘라 경제를 파탄에 빠뜨리고, 아르헨티나 경제실패의 흑역사와 함께 '고질적인 남미 퍼주기의 전설(傳說)'을 만들고 말았다. 문재인 정부의 재정확대는 끝이 없다. 국가재정법이 정한 규정을 무시하면서 '3년 연속 추가경정예산(追加更正豫算)'을 강행하고 있다. 미세먼지를 줄이겠다며 '대중교통 공짜 시리즈'로 3일 동안 150억을 날린 서울시 박원순 시장의 낯 뜨거운 원맨쇼는 차라리 애교에 가깝다. 최저임금의 급격한 인상, 비정규직의 정규직 전환, 건강보험 보장성 강화(문재인 케어) 등 사회경제환경과 재정상황을 고려하지 않고 추진했던 정책의 역효과로 국가재정의 악순환이 매년 되풀이되고 있다. 국가재정을 뒷받침하는 세수(稅收)가 경기침체로 인해 줄어드는 상황에서도 밑빠진 독에 물붓기식 재정지출을 지속하고 있다. 정책실패를 덮기 위한 땜질식 재정정책으로 국가재정 파탄에 대한 우려도 갈수록 높아지고 있다.

문재인 정부의 '닥치고 재정 확대'는 2020년 500조원이 훌쩍 넘는 슈퍼예산에서도 멈출 줄을 모른다. 매년 평균 40조원씩 급증하는 추세라고 한다. 물론 대외경제 여건의 악화와 내수부진에 대한 확장적 재정정책을 무조건 탓할 문제는 아니지만, 어떤 돈이든 지출속도와 씀씀이가 문제이다. 가계부채는 1,500조원을 넘어서고 국가부채가 1,700조원(국민1인당 1,319만원 부채)에 육박하는 상황에서도 사회적 뇌물을 남발하고, 생산유발효과가 낮은 사업에 대한 선심성 돈풀기 재정정책의 결과는 불을 보듯 뻔하다. 포퓰리즘은 무능한 정치의 현주소이고, 그 폐해는 좌우(左右)의 정치 무능을 넘어 미래세대의 행복할 권리와 지속가능성을 철저하게 훼손한다는 것이다.

'선의(善意)로 포장된 포퓰리즘'이 주는 나쁜 결과를 직시하고, 미래의 덜미를 잡는 덫에 대해 정면으로 마주할 때이다. "내 삶을 책임지는 국가"라는 구호로 추진되는 한국판(版) 페론주의의 결과를 보았을 때는 이미 늦었다. 포퓰리즘 정치에 대한 강력한 제동장치는 결국 국민의 손에 쥐어져 있다. 내일(미래)보다 '과거에 집착하고, 오늘만 보고 사는 사람'이 정치를 하면, 이렇게 무서운 법이다.

나(정원동) 선생님, 나라 살림의 씀씀이가 너무 걱정됩니다. 어렵고 힘든 백성을 위해 곳간을 열어 구휼(救恤)에 나서는 거야 당연한 일이지만, 분별없는 퍼주기 때문에 재정위기를 넘어 파탄이 우려될 정도입니다. 지금 당장에는 큰 위험이 눈앞에 보이지 않겠지만, 빚으로 빚잔치를 벌이는 악순환의 결과가 언젠가는 엄청난 대가로 돌아오지 않을까요?

다산(茶山) 자네는 '목민심서(牧民心書)'를 봤다고 했지? 율기육조(律己六條)에 어울리는 상황이군. 수령의 으뜸 임무는 '백성의 피땀 어린 재물'을 아껴 쓰는 것일세. 씀씀이를 알뜰하게 하지 않으면, 결국 재정이 모자라 세금을 올려 백성을 힘들게 하네. 재정을 적재적소에 알차게 쓰는 것이 결국 백성을 이롭게 하는 것이고, 그것이 한 고을을 책임지는 수령이 갖춰야 할 기본자세라네. 백성의 혈세(血稅)로 녹봉을 받는 자들이 그 정도의 기본은 지켜야 하지 않겠나.

나(정원동) 그렇지 않아도 '세금을 쥐어짠다'는 얘기가 나오고 있습니다. 매년 계획없이 늘어나는 재정규모를 감당하자면, 국민들의 호주머니를 긁어내는 것밖에는 다른 도리가 없겠지요. "살기가 어렵다"는 국민들의 불만을 덮고, 경제가 잘 돌아가는 것처럼 보이게 하자니 '나랏돈'으로 마술을 부리는 것 말고는 없습니다. '빚잔치 정부'의 행태가 갈수록 심해집니다. 이러다가 언젠가는 국민들이 가혹한 대가를 치르지 않을까 걱정됩니다.

다산(茶山) 위정자들이 아둔하면 백성이 고생하는 법이지. 위정자들이 거창하게 뭔가를 내걸고 백성들을 현혹할 때는 그 사람들이 노리는 이유가 반드시 있다네. 백성들이 낸 세금을 물색없이 펑펑 쓰면서 마치 자신들만이 백성을 아끼고 챙기는 것처럼 호들갑을 부릴 때는 '흑심(黑心)을 가린 선의(善意)'의 본질을 제대로 보아야 하네. 아마 자네가 걱정하는 파국(破局)이 오더라도 그들은 수많은 핑계와 '남탓'으로 비껴갈 걸세. 나는 선의(善意)와 정의(正義)를 입에 달고 사는 사람들이 어떻게 자신들의 치부(恥部)를 가리는지 숱하게 보았다네. 자네도 그 책임에서 자유로울 수 없다는 점을 항상 명심하게. 지금을 허용하고 만들어낸 것도 '자네(들)'가 아닌가. 이런 성찰에서 출발하게.

좋은 정치로의 귀환

정치는 위임 권력에 대한 감시와 견제, 그리고 국민주권을 핵심으로 구성되는 국가운영 행위를 말한다. 국가의 합리적 운영을 위해 민주주의라는 제도적 장치가 실질적으로 정착되면서, 정치는 소수 엘리트 중심의 폐쇄적인 리더십을 벗어나 '다중(多衆)의 선택과 참여'라는 확장적 형태를 갖추게 되었다. "국가 권력의 성립과 행사는 오직 국민의 지지와 동의가 있을 때 정당화된다"는 민주정치 기본 원리에 따라 국가마다 역사적 전통과 상황에 따라 다양한 형태의 정치구조를 형성하고 있다.

우리나라는 1987년 이후 대통령 직선제를 중심으로 '단임제'라는 권력구조에 기반한 정치 형태를 갖추고 있다. 해방이후 누적된 권위주의 정치권력의 폐단을 해소하고자 하는 국민적 선택의 결과였다. 그렇게 정립된 '단임제'로 5년마다 나라전체가 들썩이는 대통령 선거를 5년마다 치르고 있다. 이 과정에서 '표(票)'로 대표되는 국민의 선택은 단 하루동안 투표일(投票日)에만 위력을 발휘한다. 임기만 다를 뿐, 국회의원 총선거와 지방선거도 예외는 아니다. 투표일이 지나면 다음 선택까지 위정자(爲政者)의 행위는 거의 무풍지대(無風地帶)나 다름없다. 물론 권력의 균형과 견제를 위한 감시와 통제기능이 있지만, '정치에 대한 국민소외'로 발생하는 정치실패를 효과적으로 막을 수 없는 것이 현실이다.

매년 실시되는 '한국사회 직업별 신뢰도'에서 정치인은 '단골 꼴찌'를 기록하고 있다. 정치가 경제수준에 비해 후진국 수준에 머물러 있고, '국민이 정치를 걱정하고 불신하는 상황'임을 말해준다.

법·제도의 정비, 국가정책의 입안 및 집행 등 국가전략의 중추(中樞)를 책임지는 정치인에 대한 높은 불신은 민심이반은 물론 '실패국가'로 가는 핵심 원인이 된다. 정치무능으로 파생되는 악

하루 투표가 끝나면 국민은 정치에서 소외된다.

순환은 극렬한 사회갈등과 함께 고질적인 '한국병(韓國病)'으로 자리 잡았다. 민주주의의 성숙, 기회균등의 보장, 능력에 따른 보상, 공정한 경쟁의 제도화, 소득분배의 형평성 등 안정되고 합리적인 사회시스템을 구축하기보다 '불관용과 불통의 진영논리'로 갈등을 부추기는 정치행태로는 공동체의 새로운 변화를 도모할 수 없다.

이제 국민들은 "정치가 잘못되었다"는 비판적 인식을 넘어 "정치가 실종되었다"는 정치 부정(否定)으로 가고 있다. '정치 소멸(掃滅)'의 위기상황은 "이제 정치는 필요없다"는 자학적인 사회인식을 부추기고, 국가정책의 안정적인 운영을 위한 기본질서를 훼손하는 중대한 문제마저 발생시킨다. '집토끼', '산토끼'로 표현되는 선거공학을 통한 한때의 선량(選良) 노릇으로 4~5년 임기의 권력을 누리는 정치행태가 진정으로 "실종"되어야 한다.

정치의 목적은 무엇이고, 누구로부터 위임받는 권력인지를 살펴야 한다. 이것을 망각하면 '나쁜 정치'가 되는 지름길이다. 더 나아가 국민을 살피는 봉공(奉公)이 없는 정치는 불법과 특권의 면죄부를 가진 '예비 범죄자들의 집단행위'에 불과하다. 정치가 국민에게 희망으로 비춰지지는 않더라도 최소한 '의심과 불신'의 조롱거리가 되어선 안 되지 않는가. 정치의 기본과 품격이 사라진 공간에서 천박한 비방과 협박의 언어가 채워지는 오늘의 현실에 대한 깊은 성찰이 필요하다.

오늘날 국민들이 정치를 조롱하고 부정하면서도 엄정한 윤리적·도덕적 무게를 부과하는 것은 '정치위기로 일어나는 파급효과'를 최소화하고자 하는 절박감이라고 생각한다. 정치가 정치인들의 전유물이 아니라 모든 국민과 함께 하는 공유물(共有物)임을 자각할 때, '좋은 정치'는 국민의 품으로 귀환할 수 있다.

독일의 정치이론가 한나 아렌트(Hannah Arendt)의 지적을 상기할 필요가 있다.

"정치(政治)란 말은 더러운 것이 아니라 아름다운 것이며, 정치가 (政治家)는 추한 사람을 일컫는 말이 아니라 아름다운 일을 하는 사람을 가리키는 말이어야 한다. 정치가 덮어쓴 오명(汚名)은 정치의 잘못이 아니다. 정치를 빙자해서 가장 비정치적인 목적을 추구하는 행위를 정치로 오해하고, 또 그런 행위들을 용인했기 때문이다. 우리는 정치에게 그의 바른 이름을 찾아주어야 하며, 참된 정치행위를 하는 이들에게 명예로운 이름으로서의 정치라는 칭호를 붙여주어야 한다."

나(정원동) 선생님, 요즘 정치를 보면 답답하기 이를 데 없습니다. '양머리를 걸어놓고 개고기를 파는' 양두구육(羊頭狗肉) 촌극들이 일상적으로 일어나고 있습니다. 정치는 존재하는데, 정치인은 없고 '정치꾼'만 있다는 국민들의 조롱은 새삼스럽지도 않습니다. 대체 좋은 정치와 나쁜 정치를 구분하는 기준은 무엇일까요?

다산(茶山) 허허, 간단하면서 아주 어려운 문제를 던지고 있구나. 자네는 정치가 무엇이라고 생각하나? 우선 그 얘기를 듣고 싶네.

나(정원동) 정치는 국민의 삶을 살피고 나라의 안정과 발전을 책임지는 기능이 아닐까요? "정치는 옳고 바른 것이다"라는 공자(孔子)시대의 도덕적이고 윤리적 의무를 넘어서 사회적 재화의 합리적 분배와 통제를 통해 '최대 다수의 최대 행복'을 추구하는 활동이 아닐까 싶습니다.

다산(茶山) 자네는 정치란 놈에게 너무 많은 짐을 지우고 있네. 자네 말도 틀리지 않아. 사농공상(士農工商)의 신분제가 엄연했던 시대에서 정치는 특정신분의 전유물이었고, 왕(王)이란 정통성과 권위에 기대어 행하는 통치(統治)가 정치의 주류였다네. 수많은 백성들에 대한 수탈(收奪)을 제어할 수 없었던 이유도 '백성은 대상이었지 주체가 될 수 없었던 정치'에 있었던 거라네. 나를 비롯한 조선의 개혁가들이 '민본(民本)'을 외쳤던 것도 당시의 폐쇄적인 정치구조의 밑동을 흔들고자 했던 절박한 몸부림이었지.

나(정원동) 신분제 사회에서의 '민본(民本)과 위민(爲民)'은 혁신적인 정치개혁의 출발점이라고 생각합니다. 오늘날에는 민주주의라는 제도적 장치를 통해 '백성이 주체가 되는 정치'가 자리잡고 있음에도 '정치실패'라는 질곡에서 벗어나지 못하고 있는 것 같습니다.

다산(茶山) 어느 시대를 막론하고 정치의 본질과 지향은 같은 것이라
네. 정치를 하는 사람들의 밑바탕에서 '백성을 사랑하는 어
짐(仁)'과 '상대에 대한 관용(恕)'이 있어야 하네. 백성을 살
피고 나라를 부강하게 하는 것이 정치라면, 정치가는 스스
로에게 '수기치인(修己治人)'을 갖추었는지를 살피고 또 살
펴야 하네. 정치를 자신의 출세로 받아들이는 사람은 '꾼'이
고, 어짐과 관용으로 백성을 살피는 사람을 '가(家)'라고 하
는 이유를 알아야 하네. '수신제가 치국평천하(修身齊家 治
國平天下)'는 어떤 시대를 막론하고 경세가(經世家)의 근본
임을 잊지 말아야 하네. 결국 좋은 정치도 좋은 사람이 만들
어 가는 것이기 때문일세.

약산(若山) 김원봉에 대한 독립유공자 서훈(敍勳)을 둘러싼 사회적 논쟁이 뜨거웠다. '암살'을 비롯한 몇 편의 영화와 드라마에도 등장한 김원봉에 대한 해방 전후의 행적을 중심으로 서훈의 당위성과 절차적 정당성에 대한 논쟁이었다. 이는 해방전후사(解放前後史)에 대한 끝없는 논란의 연장선이었다. 독립운동가 김원봉에 대한 평가는 좌우(左右)진영에서 큰 차이를 보이지 않았으나, 해방 이후 김원봉의 행적에 대한 역사적 평가는 극명하게 갈라졌다. '독립운동가'와 '빨갱이'라는 간극을 메울 수 없었던 현대사(現代史)의 비극이었다.

이념논쟁은 김대중·노무현을 거쳐 문재인 정부로 들어서면서 화룡점정(畵龍點睛)을 찍고 있다. 청와대를 비롯한 권력구조에 대한 '운동권(運動圈)' 출신들의 약진(躍進)은 이념논쟁을 새로운 국면으로 이끌었다. 국정기조와 핵심정책을 둘러싼 백가쟁명(百家爭鳴)의 논쟁에서 '이념'은 어김없이 등장하는 절대적 기준이 되었고, 적대적인 결론을 이끌어내는 핵심가치가 되었던 것이다. 정책의 실효성과 파급효과, 그리고 대안에 대한 합리적인 검토와 논의는 애초부터 설자리가 없었다. '수구꼴통' '좌익 빨갱이'로 대립되는 상호규정은 '국론(國論) 분열'이라는 치열한 전쟁터를 채우는 구호가

70년 동안 고착된 분단구조

되었고, 남남(南南)갈등의 동력이 되었다.

국가·사회를 둘러싼 환경진단과 발전방향에 대한 개인과 집단 간의 다양한 이해관계는 충돌하기 마련이다. 그러나 우리는 지금 집단과 국가의 장벽을 넘어 다양한 생각과 문화가 융합되고 통섭되는 컨버전스(Convergence) 시대를 살고 있다. 서로의 차이에 접근하고 끌어안는 포용력이 경쟁력의 원천이 되는 전환의 시대를 지나고 있는 것이다. 각자의 이념적 준거집단이 자신들의 가치판단에만 우선할 때, 생산적 논의나 사회적 합의는 고사하고 독선에 빠진 좌우(左右) 운동가들의 무책임한 편견과 선동이 지배하게 된다. 경세(經世)를 위한 긍정의 담론은 사라지고, 교조적 독선으로 무장한 부정의 담론이 득세하는 것이다. 수많은 정보들이 쓰나미처럼 밀려들고, 복잡미묘한 사건과 현상들이 난마처럼 얽혀있는 정보사회가 1945년 전후(前後)의 시대적 상황과 이념적 분단구조에서 한 치도 자유로울 수 없다는 것은 불행한 일이다. 이념만을 위한 이념전쟁에는 이성적인 역사판단과 합리적 정책논쟁은 없다. 동학농민혁명·식민지시대·한국전쟁·광주민주화운동 외에도 역대정권의 적폐논쟁으로 미래담론이 실종된 한국사회는 그리스 신화의 시시포스(Sisyphus)와 같은 형벌의 패턴에 빠졌다는 생각이 든다. 매번 바닥으로 떨어지는 돌을 산꼭대기로 올려야 하는 형벌처럼 말이다.

해방이후 권위주의 시대를 거치면서 관성화되어버린 이념적인 찬반(贊反)논쟁은 사회정치적 공간에서 정책방향을 대하는 자기방어적이고 상호공격적인 입장만을 강화시킬 뿐이다. 이런 사회는 문제가 발생했을 때 원인과 해결책을 찾기보다는 '책임을 지어야 할 희생양'을 찾으려는 폐습이 강해지기 마련이다. 이런 폐습은 "토착 왜구"와 같은 시대에 뒤떨어진 언어폭력으로 논점을 흐리게 하고, 민족주의와 이념이 깔아놓은 거친 자갈길을 휘젓는 소음과 해묵은 논란만을 야기할 뿐이다.

1991년 극심한 흑백갈등으로 혼란을 겪던 남아프리카 공화국은 흑인·백인 대표 22명이 모여 6개월 동안 '남아공의 미래'를 놓고 토론회를 개최했다. 이 토론회는 남아공의 미래 시나리오를 중심으로 진지하게 진행되었고, 이때부터 남아공은 생산적인 토론과 성과를 위한 인종간의 상호협력이 가능해졌다고 한다. 이런 노력의 결과로 1996년 만델라 정부의 '화해·통합 정책'이 추진되었고, 시대를 바꾸는 결정적인 역할을 했다. 이 모든 과정에 참여했던 '아담 카헤인(Adam Kahane)'의 말은 우리에게 많은 시사점을 준다

"복잡성이 높은 문제는 슈퍼맨이 나타나 해결책을 제시한다고 풀리지 않습니다. 문제의 당사자들이 모여 스스로 해결책을 마련하고 실행할 때에만 풀릴 수 있습니다."

이념은 우리 사회의 미래를 열어가는 만능키(key)가 될 수 없다. 국가전략에 대한 상호차이가 생산적인 논의를 통한 '최적의 대안 모색'으로 가지 않고, 적대적인 분노와 불통에 기반한 '이념 과잉'에 몰두할 때 '빈곤을 위한 빈곤'만을 발생시킨다. 또한 과거에 대한 합리적이고 균형적인 해석을 방해하고, 미래를 닫아버리는 '21세기 척화(斥和)사상'에 다름 아니다. 이념은 생각의 차이를 인정

하지 않고, 미래를 말하지 않는다.

나(정원동) 지금 우리 사회를 보면 서로를 마주보고 힘껏 페달을 밟는 것 같습니다. 마치 누가 더 철저하게 망가지는가를 경쟁하는 '제로섬 게임'을 벌이고 있습니다. 자신이 인식하는 역사관에 동조하지 않거나, 이념적 지향이 다른 사람에 대한 정치적 · 사회적 폭력이 난무하고 있습니다.

다산(茶山) 어느 시대에나 생각을 바꾸면 희망이 보인다네. 지금의 후학(後學)들이 말하는 '실학사상(實學思想)'도 희망을 만들기 위한 사고의 전환이었다네. 낡은 성리학(性理學)과 공맹사상(孔孟思想)으로는 미래를 열 수 없다는 반성이기도 했지. 오늘은 어제와 다르고, 내일은 또 오늘과 다를 것이란 '열린 생각'이 중요하네. 열린 생각이야말로 서로의 차이를 넘어 공감대를 만들고, 공감대는 공존(共存)과 공생(共生)이라는 든든한 자산을 만드는 것이지. 그런 자세가 역사발전을 이끌어내는 원동력이 아니겠는가?

나(정원동) 저는 '철학의 부재'를 좋아하지 않습니다만, 이념과잉은 전혀 다른 문제입니다. 또한 역사를 망각하거나 부정하는 태도도 용납하지 않습니다만, 위정자들이 자의적인 이념의 잣대로 역사를 해석하여 흑백논리를 만드는 행태는 걱정스럽습니다.

다산(茶山) 자네 시대의 좌우(左右)에도 '수구노론(守舊老論)'은 있다고 보네. 사람들이 이념이라는 낡은 사고에 집착하고 상대를 공격하는 것은 "변화가 두렵다. 나는 거부한다"는 몸부림과도 같은 것이네. 변화를 두려워하는 노론(老論)이 나를 유배지로 몰았던 것처럼 말일세. 자네 시대에도 변화를 두려워하는 사람들이 '실학(實學)의 열린사고'를 거부하고, 이성이 마비되어버린 '집단사고(이념)'로 하루하루 근근히 버티는 거라네. 그렇지만, 세계와 역사는 지금도 끊임없이 변화하고 도도하게 흐르고 있지 않나?

호모 헌드레드(Homo Hundred). 문명과 의학의 발전이 인간의 수명을 연장시키면서 30년전 70세였던 기대수명이 80세를 훌쩍 넘어서고 있다. 요즘 주변에서 환갑잔치를 한다는 얘기를 들어본 적이 없고, "남 부끄럽다"는 생각에 칠순잔치도 사라지고 있는 상황이다. 평균 수명이 가파르게 상승하면서 법·제도와 사회적 시스템의 변화를 요구하는 목소리가 높아지고 있다.

우리나라의 평균 수명이 빠르게 증가하면서 10년 후에는 세계 1위의 장수국가가 될 것이라는 연구결과가 나오고 있다. 영국 임페리얼칼리지와 세계보건기구(WHO)가 OECD 국가들 대상으로 조사한 바에 따르면, 2030년경 우리나라 여성의 기대수명이 세계 최초로 90세를 넘어선다고 한다.

2015년 UN은 평생연령 기준을 재정립하여 새로운 세대의 기준을 발표했는데, 18세~65세를 청년기준으로 설정할 만큼 파격적인 변화를 제시하였다. UN이 제시한 연령기준에 따라 자신의 나이를 다시 측정하는 기준이 있는데, 현재 나이에 0.7를 곱한 나이가 새로운 연령기준의 나이가 된다. 예를 들어, 현재 50세라면 0.7를 곱해서 나오는 35세가 새로운 연령기준의 나이가 되는 셈이다. 문제는 늘어나는 기대수명에 대응하는 국가정책의 재설계와 시대변화

평생연령	세대 기준	평생연령	세대 기준
0세~17세	미성년자	80세~99세	노년
18~65세	청년	100세 이후	장수노인
66세~79세	중년	–	

〈그림 24〉 UN 재정립 평생연령 기준

에 따른 생산적 삶을 보장하는 안전망이라는 100세 시대에 대비하는 사회적 노력이다. 특히 국가정책 전반의 패러다임 전환을 통해 '100세 시대 프로젝트'의 핵심인 △ 자립지원 △ 기회균등 △ 사회참여 △ 세대상생 등 인구경제학적 위기대응을 효과적으로 추진해야 한다는 것이다.

지금의 생애주기를 기준으로 '100세 시대'를 고민한다면, 성장기(30년)~경제활동(30년)~노년기(40년)라는 패턴이 대부분이다. 게다가 생애주기에 맞춘 사회적 시스템은 여전히 '기대수명 70~80세'를 전제로 운영되고 있고, 100세로 늘어난 인생의 시간표를 고려한 생존모형은 제대로 준비되어 있지 못한 것이 현실이다. 최근 여론조사에서도 응답자의 70%가 '준비되지 않는 노후'에 대한 불안감을 토로하고 있다.

"인생 중에서 기껏 30년 일하고, 70년을 놀고 먹는다. 준비되지 않는 노후는 재앙이다"라는 푸념이 나오고 있다. 100세 시대에 맞

100세 시대, 준비되지 않는 노후는 재앙이다.

는 정책 패러다임의 전환과 새로운 생존모델이 필요한 시점이다.

100세 시대는 기존의 인생모형에 상당한 영향을 미치고, 정부와 지자체의 정책설계와 추진과제에도 많은 문제점과 개선방안을 제기하고 있다. 노후 문제 이외에도 교육, 노동을 포함한 생애주기별 정책과제에 대한 적절한 사회적 장치도 마련해야 한다. 정부의 재정정책과 재원마련도 중요한 문제로 부상하고, 생애주기별로 다양한 삶의 선택이 가능하도록 법과 제도를 정비하는 것도 정부와 지자체의 핵심과제로 요구되는 상황이다.

서울대 행정대학원 이수영 교수는 "100세 시대에는 현재 80세에 맞춰져 있는 사회구조가 깨지고, 경제·사회·문화 등에서 수많은 변화가 일어난다"고 전망하고, "연령 차별사회가 아닌 연령 통합사회를 위한 사회적 대비가 필요하다"고 강조한 바 있다. 100세 시대의 핵심 화두는 '국가와 사회의 지속가능성'이라고 한다. 연령 통합사회의 모든 구성원들이 자립과 기회, 참여와 공생이 가능한 삶의 기반을 마련하는 것이 우리 시대의 과제로 급부상하고 있다. 인생 100세 시대를 맞이하는 우리의 준비는 어떻게 해야 할까? 개인의 능력과 공적·사적연금에만 맡기기에는 인생주기와 삶의 변화가 가파르게 진행되고 있다.

나(정원동) 선생님, 100세 장수시대라고 합니다. 환갑과 칠순을 치르는 것이 남부끄러울 정도로 수명이 늘어나고 있습니다. 사람이 건강하게 장수하는 것은 분명 '복(福)'이지만, 준비없는 노후를 걱정하는 사람들이 많습니다. 법적으로 정년(停年)이 60세로 정해져 있어, "앞으로 40년을 무직(無職)으로 불안한 삶을 살아야 한다"는 푸념도 나오고 있습니다.

다산(茶山) 100세를 사는 좋은 세상에도 시름은 있구나. 삼시세끼를 거르지 않고 먹고, 자식들의 부양(扶養)을 받으면서 환갑을 보는 것이 내가 살던 시대의 큰 홍복(洪福)이었다네. 무병장수(無病長壽)는 모든 인간의 소망이지만, 개인의 팔자와 능력에만 맡길 수는 없는 노릇이지. 사람이 존엄을 가지고 잘 늙

어갈 수 있게 살피는 것도 위정자(爲政者)의 중요한 책무라네. 피치자(被治者)의 권리에 대한 치자(治者)의 책무에 경계란 없는 것이고, 백성들이 넉넉하게 오래 살게 보살피는 것도 목민관(牧民官)이 게을리 하지 말아야 할 덕목(德目)이라네.

나(정원동) 백성이 넉넉하게 오래사는 것을 보살피는 것이 위정자(爲政者)의 도리이긴 하지만, 넉넉하게 오래사는 백성을 위한 재원(財源)이 문제지요. 안정적인 노후관리를 위한 일자리 창출이나 연금관리에도 많은 어려움이 있는 것이 사실입니다.

다산(茶山) 순풍에 돛을 단 듯이 술술 풀리는 과제가 있겠는가? 나라의 어떤 정책이든 애로가 있기 마련이고, 자금을 비롯한 많은 난관이 있을 수밖에 없네. 물론 국가의 백년대계가 돈 없이 되는 일이 있겠는가? 그러나, 중요한 것은 '선후(先後)'에 따라 해야할 일을 정하고 소요되는 비용을 적재적소(適材適所)에 사용하는 것이라네. 부패(腐敗) 못지않게 무서운 것이 목민관(牧民官)의 안일함과 무책임, 적당주의라고 보네. 자신들을 믿고 권한을 맡겨준 백성들 위해 당대(當代)를 넘어 후대(後代)를 위한 징검다리를 부지런히 만들어야 하는 것이 목민관의 사명이자 숙명이네.

국제결혼·취업 등 국내 거주 외국인들이 대폭 증가하면서 '단일 혈통'의 민족문화에도 급속한 변화가 일어나고 있다. 다문화 사회로의 전환이 그것이다. 통계청에 따르면 2018년 국제결혼 건수가 22,700건으로 전체 혼인의 8.8%를 차지하고, 다문화 가구는 31만 8,917가구이고 국내 체류 외국인은 외국인 유학생 10만여명을 포함한 236만명인 것으로 조사되었다. 또한 2018년 국내 공항을 통해 출·입국한 외국인은 총 8,890만명으로, 2020년이면 사상 최초로 1억명을 돌파할 것이라고 한다.

다문화(多文化)사회는 한 사회 안에 인종·민족·종교 등 다양한 문화가 공존하는 사회를 말한다. 넓은 의미로는 탈북자(脫北者)와 이주노동자도 다문화의 범주에 들어가기도 한다. 전체 인구에서 외국인 거주자가 5% 이상이면 다문화 사회로 규정하고 있다. 2050년이면 국내 인구 중 다문화 인구가 20%를 넘어설 것이란 연구결과도 나오는 상황이다. 다국적 이주민들이 증가하면서 LA 코리아 타운과 같은 국내 이주민 밀집지역이 늘어나고, 이주민들의 고유한 생활양식이 자연스럽게 지역사회와 동화되는 '다문화'가 이제는 낯선 현상이 아니다.

우리 사회는 글로벌화에 따른 다양한 자본과 노동의 유입이 지

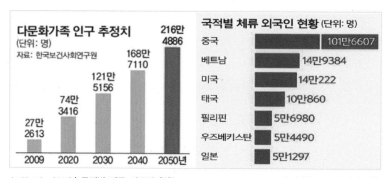

<그림 25> 2017년 국적별 체류 외국인 현황　　　　　출처 (한국보건사회연구원)

속적으로 증가하면서 전통적인 단일 민족사회의 개념이 점차 무너지고, 다양한 민족과 문화가 공존하는 사회로 급속하게 진행되고 있다. 서로 다른 문화적 배경의 이주민들로 인해 예기치 않았던 사회문제들도 늘어나는 추세이나, 새로운 문화요소의 도입이나 국내 노동력 부족 완화, 다양성이 중시되는 개방사회 등 미래를 열어가는 기회요인도 많은 것이 사실이다. 다문화 사회에서 발생하는 부정적 문제들에 대응하고, 다양한 문화의 융·복합을 통해 바람직한 방향으로 공존하는 사회문화적 노력이 필요하다.

　다문화 사회의 핵심은 인종·민족·종교의 차이를 극복하는 공존을 통해 이질적인 문화 간의 상호작용을 만들어내 사회의 다원화와 새로운 문화적 정체성을 만들어가는 것이다. 한국사회의 "다문화는 선택사항이 아니라 필수사항"이라는 영국 사회학자 앤서니 기든스의 말을 유념할 필요가 있다. 단일민족의 순혈주의(純血主義)로는 국제화 개방사회로의 안정적 이행을 이끌어 낼 수 없다는 점에서 다문화 사회가 가지는 사회적 역동성과 문화적 다양성의 시너지를 높이는 패러다임 전환이 필요하다.

또한 다문화 사회로의 이행과 함께 '문화적 다원주의(文化的 多元主義)'로 일어나는 새로운 패러다임에 주목해야 한다. 다원주의는 특정 분야의 엘리트에 의해 주도되는 경향이 사라지고, 각 분야의 자율성이 존중되는 것을 말한다. 정보화는 이러한 다원주의를 확산시켜 다양한 문화형식을 발생시켰고, 정치권력의 힘이 주류문화를 지배하던 시대와 달리 다양한 문화현상과 상호작용하는 새로운 권력들이 등장하여 활동하고 있다.

우리 사회는 이미 국가 주도의 권위주의 질서를 벗어나 갈등적 다원주의로 진입하였고, 그 결과 전통적 방식의 법·제도적 관행으로는 사회 내에서 일어나는 다양한 갈등요인에 대해 효과적으로 대응할 수 없게 되었다. 이런 문화적 다원주의는 안보·민주주의·국민생활·정치구조 등에도 영향을 미치면서 흑백논리의 보혁(保革)구도라는 정치적 경쟁시스템과도 심각한 괴리를 낳고 있다. 이런 현상으로 정치세력의 지나친 엄숙주의에 대한 대중들의 피로감은 갈수록 높아질 수밖에 없다. 감성적인 민족주의와 반공(反

共), 교조적인 진보 이념이 설자리를 못 찾고 방황하는 이유이기도
하다.

성장과 분배라는 획일적 기준에 따른 경제정책, 승자와 패자로
나뉘는 엘리트 중심의 패거리 정치문화 등 다양성과 화합을 배제
하는 사회운영으로는 새로운 시대의 패러다임을 구축할 수 없다.
획일주의를 버리고 다원주의적 사고방식을 통해 다양성이 존중받
는 제도적 고민이 필요하다.

나(정원동) 그동안 우리 사회는 많은 변화를 겪었습니다. 이제 정치권
　　　력의 힘으로 내려지는 획일적인 지시와 통제를 따르지 않습
　　　니다. 게다가 국내 총인구의 10%에 가까운 사람들이 전혀
　　　다른 국적을 가진 이민족(移民族)입니다. 사회는 이렇게 변
　　　화하는데, 정치·법률·제도 등은 아직도 순혈주의(純血主
　　　義) 전통에 묶여 제자리걸음을 하고 있는 것 같습니다.

다산(茶山) 전통(傳統)에 집착하는 사회는 발전이 없다네. 전통이 새로
　　　운 변화에 순응하면서 진화(進化)하고, 그 진화의 힘으로 사
　　　회는 앞으로 나아가는 것이지. 물론 나 역시 신분제(身分制)
　　　에서 자유롭지 못했네. 우수한 능력은 특정신분에서만 배출
　　　되는 것이 아니라고 하면서 능력주의(能力主義)를 강조했지

만, 신분제를 완전히 벗어던지지 못했다네. 후학(後學)들은 그 점을 나의 한계였다고도 하더군. 자네가 말한 다원주의(多元主義)가 내가 살던 시대에도 활짝 피었더라면, 나의 상상력은 더 큰 힘을 가질 수 있었겠지.

나(정원동) 아닙니다. 무릇 개혁(改革)이란 모든 것을 일거에 뒤집는 것은 아니지 않습니까? 신분제가 없다는 지금의 사회에서도 '현대판 신분제'는 인종이란 이름으로, 민족의 모습으로, 계급이란 규정으로 교묘하게 살아 있습니다. 다문화와 다원주의는 이러한 구태적 관습과 사고적 관행이 무너지기를 요구하고 있습니다. 이러한 변화를 안정적이고 미래지향적으로 끌어내기 위한 고민이 필요하다는 것입니다.

다산(茶山) 제2의 개화(開花)라고 생각하게. 민족의 울타리를 넘어서 다양한 인종과 민족이 공동체의 구성원으로 살아가는 새로운 개화기(開花期)를 맞이하고 있는 셈이지. 피부색이 다르고, 즐기는 문화가 다르다고 해서 소외받거나 배제되어야 하는 이유가 될 수는 없네. 또한 문화는 하나의 목소리와 똑같은 모습으로 존재할 수는 없네. 다양함을 받아들여 사회발전의 동력으로 만들어내는 것도 그 사회의 능력이라네.

나(정원동) 수많은 주제로 600권 가까운 책을 쓰신 분답게 '다양함'을 좋아하시군요.

다산(茶山) 요즘 자네들이 나를 '융합형 인재(人才)'라고 하지 않았나?

국민안전이 먼저다

메르스 사태와 세월호 이후 국민생명을 위협하는 위기상황에 대응하는 국가의 관리능력에 대한 국민들의 관심이 높아졌다. 국민의 안전을 위협하는 요인들이 갈수록 대형화되면서 인적(人的) 재난의 규모가 커지고, 예측 불가능한 위기의 출현으로 인적·물적 피해가 확대되는 추세이다. 따라서 범죄·재난·교통·생활·환경 등 사회전반의 안전체감도가 급격하게 하락하고, 공공부문의 대책·관리·대응·투자 등 안전대책 강화를 요구하는 목소리도 크게 늘어나고 있다.

국가재난안전 관련분야 예산이 매년 늘어나 2019년에는 약 20조원에 이르고 있으나, 각종 재난사고에 대한 정부의 대응체계에 대해 사회 전반의 불안감은 높아지고 있는 것으로 조사되고 있다.

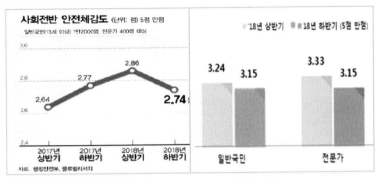

<그림 26> 국민안전체감도 연도별 추이 및 2018년 국가안전대진단 체감도

2108년 행정안전부에 의하면, 사회전반 안전체감도가 5점 만점에 2.74점에 머문 것으로 조사되었다.

세월호 참사를 계기로 안전분야 정부조직을 개편하는 등 국가재난관리시스템에 대한 대대적인 개혁과 예산투입이 지속적으로 진행 중이나, 국민안전과 국가재난에 대한 우려를 불식시키기에는 아직도 충분하지 못하다는 지적이 많다. 정부의 국민안전 정책에 대한 관심을 높이고 미흡한 안전 관련법과 제도의 정비도 중요하지만, 재난 유형별 위기관리 매뉴얼과 각 부처별 대응수칙을 현장 적용성이 높은 방향으로 실용적이고 현실적으로 개선할 필요가 있다. 또한 국민안전과 재난대응과 관련된 공공부문의 전문성을 지속적으로 강화해야 하지만, 4차산업혁명의 핵심기술을 이용한 안

자연재난	호우(홍수) · 대설 · 낙뢰 · 지진 · 태풍 · 황사 · 가뭄 · 한파 · 폭염 등
사회재난	교통사고 · 붕괴 · 폭발 · 화재(산불) · 전염병 · 사이버테러 · 폭동 · 산업재해 등
생활안전	범죄 · 전기/가스 · 식품 · 안전사고 · 노약자(아동/여성/노인) · 생활환경 등

〈그림 27〉 복합재난 유형 및 재난유형별 종류

전분야 R&D도 매우 중요하다. 불확실성이 높아진 각종 재난·안전에 대한 예측 가능성을 높이고 즉각적인 대응체계가 가동될 수 있도록 재난안전 R&D에 대한 국가·사회·학계의 관심과 투자를 높여야 한다. 정부에 따라 오락가락하는 재난관련 컨트롤타워의 안정성을 확보하고, 중앙·지자체 간 재난안전 통합정보 관리시스템의 연계도 강화해야 한다.

전문가들은 한결같이 "재난은 언제 어떤 식으로 발생할지 예측하긴 어렵지만, 얼마나 대비체계를 갖추느냐에 따라 피해규모가 달라진다"고 강조하고, "재난안전에 대한 관심과 투자는 그 나라의 국격을 결정하는 하나의 측정단위"라고 말한다. 아직도 우리 사회가 후진국형 재난과 인재(人災)를 겪고 있다는 것은 부끄러운 일이다. 재해·재난을 최소화하는 시스템을 정비하고, 이에 대한 국가의 책임체제 강화는 '국민안전'을 위한 첫 걸음이다. 따라서 재해·재난을 예방하고 위험으로부터 국민을 보호하는 국가의 일차적 책무를 강화해야 한다.

나(정원동) 세월호 참사는 공직을 지냈던 저에게는 큰 아픔이었고 충격이었습니다. 국민의 안전을 책임지는 국가의 기본기능이 무너졌습니다. 재난과 재해는 언제 어디서 일어날지 예측할 수 없는 불확실성을 가지고 있다고 하지만, 사전예방은 고사하고 사후대처마저도 혼선이 많았습니다.

다산(茶山) 위험과 위기는 항상 그런 것이라네. 과거에는 질병과 전쟁으로 인한 재난이 대부분이었지만, 요즘에는 재난의 종류도 많고 규모도 갈수록 커진다고 하더군. 물질적으로 아무리 풍요하다고 하더라도, 살아있는 생명에 대한 위협은 어느 시대에나 사람들을 정신적으로 황폐화시키기 마련이네. 백성들의 안전을 살피는 일에는 능력 있는 사람을 등용해서 써야 하네. 결국 모든 일은 사람이 하는 법이니까. 체계를 갖추고 기술을 높이는 것은 그 다음의 문제이지. 아무리 많은 돈을 들여 체계를 갖춘다고 하더라도 관리능력이 없으면 소용없는 거라네.

나(정원동) 백성의 안위를 살피는 분야에서만큼은 '해당분야의 전문가를 배치하고, 전문화된 관리능력을 보장하라'는 말씀이네요? 그렇지 않아도 이 정부 들어서도 국민안전을 책임지는 기관에 자기사람들을 임명하는 구태를 고치지 못했더군요.

다산(茶山) 그렇지. 정치권 실세와 가깝다고 해서 능력도 없는 사람이 그런 자리에 있으면, 제아무리 뛰어난 안전기술과 대응책이 있다고 하더라도 요즘말로 하면 '골든타임'을 놓치는 법이라네. 허구헌날 돈을 들이고 관직을 만들어 이리 옮기고 저리 옮기면 뭐하나. 백성들의 안전만큼은 '용인(用人)'에 각별한 주의를 기울여야 하는 것이네.

새로운 패러다임을 위한 서곡

우리 사회 그리고 정치가 가지는 '생각의 크기'는 얼마일까? 국제사회의 흐름을 깊고 넓게 조망하면서, 현실적인 고민 속에서 미래전략과 지속적으로 교감하고 있는 것일까? 평범한 사람들이 들었던 '촛불의 힘'에 혁명성을 부여하면서 정치권력의 핵심으로 들어간 사람들은 "평범한 사람들의 삶을 지키는 구조적인 개혁대안을 외면하고 있다"는 자신들에 대한 비판을 어떻게 받아들일까?

퇴행적인 색깔론으로 철지난 이념논쟁의 뒤꽁무니만 쫓아다니는 보수세력에게는 '성찰의 큰 그림'을 들고 있기나 한 것일까?

어제의 결과는 오늘의 현실이고, 지금의 균열은 내일의 파멸과 붕괴로 이어지기 마련이다. 모든 일에는 '우연'이란 없다. 수많은 원인들이 결과를 만들어내고, 그 결과는 더 거대한 원인으로 뭉쳐진다. 지금 우리는 역사의 흐름에서 어떤 원인을 만들고 있는 것일까? 1주일 단위로 나오는 여론조사를 들여다 보면서 '안도(安堵)'와 '비관(悲觀)'을 교차하는 얄팍한 정치철학에 기댄 우리 사회에서 '백년대계(百年大計)'는 무리한 생각일까?

대의정치의 본질은 '지혜로운 사람에게 운명을 맡긴다'는 의미라고 한다. 평균적인 국민들은 국가의 먼 미래를 위한 선택을 전적으로 감당할 수 없기 때문에 '감당할 능력을 가진 현명한 사람'에게 권력을 위임하는 것이 '대의정치(代議政治)'이다. '국민의 눈높이에 자신을 맞추어야 할까?' 아니면 '역사의 눈높이에 맞추어야 할까?'는 대의정치가 가지는 숙명적인 딜레마이다. 딱 꼬집어 정답을 찾아내기는 어려우나, 지식경제부장관을 지낸 동아일보 최중경 객원논설위원은 "진정한 리더십은 현재가 아닌 미래를 상대해야 한다. 따라서 국민의 눈높이가 아니라 역사의 눈높이에 맞추어 불합리한 제도를 고치고 변화하는 미래를 예측해 방책을 세워야 한다"고 강조했다. 나는 전적으로 공감한다.

문재인 정부는 스스로 '촛불혁명의 계승자'라고 말한다. 촛불혁명에서 만족하지 못했던지, 근현대사의 모든 역사적 행위에 대한 '단죄자'와 '판단자'의 모습으로 자신들을 위치시키고 있다. 괴팍한 이념적 잣대를 들이대고 정치적으로 유리하다 싶으면 "우리가 후계자"라고 소유권을 주장하고, 상대에게는 "독재의 후예, 친일의 후예"라는 낙인찍기를 조금도 주저하지 않는다. 국정농단에 분노해서 들었다는 촛불정신의 '자칭' 후계자들이 '역사농단'의 문턱을 성큼 넘어서버린 것이다. '역사의 눈높이'를 자의적으로 해석하는 것을 넘어 독점하기를 서슴지 않고, 현재를 넘어 미래를 향하기보다 '과거의 재단사'에서 한 치도 전진하는 않는 배타적인 선동정치를 우리는 똑똑히 보고 있다.

'촛불혁명'으로 포장된 이념의 과잉은 현재 우리가 직면하고 있는 위기를 극복하고, 미래를 창출하는 혁신적이고 창의적인 발전 모델을 만들어내지 못한다. 또한 역사의 흐름과 시대적 요구를 외면하는 좌우(左右) 근본주의는 국민을 기망(欺罔)하는 적대적 공생(共生)의 교묘한 포장일 뿐이다. 지금 우리에게 요구되는 것은 '현실에 대한 정확한 인식', '혁신적 발상', 그리고 '변화의지와 실행력'이다. "지도에도 없는 길을 가겠다"거나 "경험하지 못한 나라를 만들겠다"는 말 속에 감추어진 정치권력의 실패와 무능을 탓하기엔 가야 할 길이 너무 멀다.

2007~2008년 금융위기 당시 영국 엘리자베스 2세는 경제학자들에게 물었다. "왜! 아무도 금융위기를 미리 예측하지 못했는가?"

여왕의 질문에 영국의 저명한 경제학자들은 다음과 같이 답변했다.

"위기의 시점과 정도, 심각성을 예견하여 사전에 저지하지 못한 이유를 한마디로 요약하면, 국내외적으로 머리 좋다고 소문난 사람들이 시스템에 내재된 위험을 전체적으로 파악하는 집단적 상상력을 갖지 못했기 때문입니다."

지금 동북아와 세계는 새로운 위기 속에서 혁신적인 전환을 위해 몸부림치고 있다. 중요한 것은 위기와 공포가 한 몸을 이룰 때, 우리에게는 전환적 미래가 없다는 것이다. 우리만의 힘으로 해결할 수 없는 세계사적 전환이라 하더라도, 최소한 동서남북(東西南北)의 좌표는 분간하고 확인할 수 있는 실타래는 움켜쥐고 있어야 한다.

우리가 지나온 '성공'과 '좌절'의 역사는 특정계층과 집단의 소유물이 아니다. 많은 국민들이 겪고 있는 '생존의 불안'을 극복할 수 있는 사회적 평정심은 공존(共存)과 조화(調和)라는 공동체 가치를 재정립하는 것에서 출발한다. 또한 공동체 가치를 중심으로 사회적 연대와 협력을 강화해야 한다.

우리가 지나온 역사적 과정은 "내가 만들었다"거나 "당신들이 잘못 만들었다"는 이분법의 단순화로 규정되는 것이 아니다. 하나의 길로 모이는 '함께 걸음'의 공존과 통합의 가치를 외면한다면, 우리는 미래의 문턱을 넘어서지 못한 채, 과거가 만들어놓은 '끝없는 미로(迷路)'에 빠질 수밖에 없다.

우리를 둘러싼 위기의 파편들을 새로운 도전의 퍼즐로 다시 맞춰내는, '새로운 시대'를 위한 공존(共存)과 통합(統合), 공생(共生)을 위한 사회적 지혜를 모아야 할 때이다. 이제는 과거와 현재에 대한 '나의 권리(權利)'가 아니라, 공동체와 미래를 위한 '우리의 의무(義務)'를 다해야 한다.

여유당전서, 다산박물관

겨울 내를 건너는 듯, 사방을 두려워하듯

　남양주 마재 마을에 초여름 보슬비가 내린다. "석류가 처음 꽃을 피우고, 보슬비가 깔끔하게 개자 불현 듯 초천(苕川)에서 고기잡이하기에 안성맞춤"(여유당전서)이라고 즐거워했을 다산(茶山)의 웃음소리가 젖은 나뭇잎에 걸려 있었다. 긴 겨울을 돌아 봄을 보내고 촉촉한 초여름 보슬비와 함께 다시 다산(茶山)의 고향을 찾았다. 이제 어느덧 200년 시공을 넘어 두터운 교분을 나눈 막역지교(莫逆之交)의 고향이 낯설지 않았다. 나는 선생의 생가(生家)를 마주한 채 시간이 멈춘 듯 말없이 눈을 감고 서 있었다.

　1800년 6월 28일 49세의 개혁군주 정조(正祖)가 돌연 승하(昇遐)하였다. 정적(政敵)을 피해 고향마을로 귀향해 있던 다산(茶山)에게는 청천벽력이었다. 임금의 애타는 부름에 다시 입궐하기 하루 전이었다. 정조의 졸곡제(卒哭祭)를 마치고 고향으로 돌아와 생가(生家)에 여유당(與猶堂)이란 당호(堂號)를 걸고, 앞으로 그에게 닥칠 박해를 조심스럽게 기다리고 있었다. '여유당'이란 당호는 '겨울 내를 건너듯, 사방을 두려워하듯'이란 의미로 당시 다산(茶山)의 정치적 처지를 고스란히 나타내고 있다.

혹자는 '여유당'이란 당호가 두려움과 소심함이라고 하고, 어떤 사람은 '정적들의 모함과 음모에 분노하기보다는 현실을 되돌아보고 자신의 부족함을 성찰함'이라고 두둔하기도 한다. 그렇게 조심스러웠던 처신에도 불구하고 유배는 다산(茶山)을 비껴가지 않았다. 환갑을 앞둔 57세에 해배(解配)되어 고향으로 돌아오기까지 고향에 대한 그리움과 가족과의 생이별이 다산(茶山)의 심신을 얼마나 괴롭혔을까?

이번에는 부인과 합장되었다는 다산(茶山)의 묘에는 가지 않기로 했다. 다산(茶山)과 함께 여름까지 달려온 질긴 인연(因緣)의 덫을 미처 지우지도 못했던 탓에 '묘(墓)'의 애잔함을 느끼기 싫었던 탓이리라. 돌아오는 자동차 차창을 때리는 빗줄기는 더욱 굵어져 있었다. 기계처럼 움직이는 윈도우 브러쉬를 넘어 보이는 짙은 회색빛 하늘이 무겁게 다가오고 있었다. "내일은 화창하게 맑게 개인다"는 기상예보를 알리는 라디오를 들으면서 나는 넓게 트인 젖은 도로를 무심하게 달렸다.

내일은 화창하게 맑게 개일 것이다. 그러나 겨울 내를 건너는 듯, 사방을 두려워하듯 미래를 향해 가야 한다. 기본과 원칙, 철학에서 멀어져버린 폐허(廢墟)에서 다시 시작하는 마음을 다지면서….

집필을 마치고 마재마을에서